중독가족 회복교실

중독자와 가족, 우리 모두의 회복 이야기

광주서구중독관리통합지원센터 엮음

신정

Prologue

광주광역시 정신건강증진 시범사업의 하나로 중독자의 회복을 위한 회복동영상을 제작하고 《중독회복교실》이란 책을 출간하였습니다. 이번에 중독자 가족을 위한 회복동영상을 제작하면서 《중독가족 회복교실》이라는 책을 함께 출간하게 되었습니다.

중독자들의 치료에 십수 년의 세월을 보내며 수많은 가족들을 만났으면서도 중독자의 회복을 위해 가족은 더 참고 희생해달라고만 요구했을 뿐 환자의 가족을 생각하지는 못했습니다. 환자를 따로 떼어놓고 가족들의 심정을 진정으로 걱정하고 관심을 갖게 된 것은 얼마 되지 않았습니다. 중독자뿐만 아니라 그 가족들까지도 환자라는 것을 최근에야 깨달았기 때문입니다. 가족들도 환자 못지않게 아프고 잠을 이루지 못하며 트라우마와 같은 상처를 안고 묵묵히 살아가고 있습니다. 아버지를 입원시키기 위해 함께 찾아온 자녀들의 무뚝뚝함을 보면서, 이 아이들이 당장은 잘못되지 않더라도 그동안 스펀지처럼 고통을 흡수해 왔고, 그것은 장차 그들의 삶에 큰 후유증으로 남게 될 것임을 알게 되었습니다.

조사에 따르면 우리나라의 네 가정 중 한 가정에 중독자가 있다고 합니다. 인구의 1/4이 가족의 중독 문제로 힘겹게 살고 있다는 뜻입니다. 그러나 이들은 집안에서도 집밖에서도 이 문제를 노출하려 하지 않습니다. 말한다고 해결될 것도 아니고 남에게 말하기는 부끄럽기 때문입니다. 너무나 많은 가족들이 고통받고 있지만 본인을 위한 치료가 필요하다는 생각은 하지 못합니다. 중독자인 아버지나 어머니, 남편이나 아내를 먼저 치료해야 하기 때문입니다.

알코올중독을 포함한 다양한 중독들은 대물림을 합니다. 유전으로도 대물림되지만 어려서부터 부모의 술 취한 모습 등을 보고 자란 자녀들은 자동적으로 학습되어 "힘들 때는 술을 마시는 거구나!", "복잡하면 게임에 빠지면 되는 거구나!"라고 인식하게 됩니다. 이 자녀들이 결국 20대 초반부터 중독 경향을 보이기 시작하다가 중년이 되면 완연한 중독자로 고착이 됩니다. 이러한 대물림은 또 다음 세대에게 반복되겠죠….

이 책에는 가족들이 어떻게 어려움에 빠져드는지, 그 문제를 어떻게 해결해야 하는지에 대해 이야기하고 있습니다. 입원 전부터 알아야 할 것과 입원 중에, 그리고 퇴원 후에도 가족들이 어떻게 이해하고 대처해야 할지에 대한 내용을 담았습니다. 오랜 세월을 중독자가 된 가족 구성원과 함께 살아왔지만 대부분의 가족들이 여전히 혼란스러워합니다. 어떻게 하는 게 옳은 일인지 선택할 수 없어 결정을 내리기 전에 가족들은 망설이고 또 의심을 합니다.

가족들은 환자를 위해 열심히 노력해왔지만 치료자의 눈에는 오히려 과도한 집착만 보일 뿐, 환자의 변화를 오히려 방해하는 조장자 역할을 하는 것으로 판단되는 경우도 많습니다. 사랑하기 때문에 최선을 다했는데 가족 내의 중독자는 더 나빠져서 그 이유가 뭔지 몰라 힘들어합니다. 이러한 "공동의존증"이라는 생소한 개념이 이 책에 잘 설명되어 있습니다.

환자가 죽기 살기로 고생을 하며 변화를 이루어내려고 할 때, 가족은 회복의 강력한 동기부여자가 됩니다. 그들에게 가족은 위대한 힘입니다. 반대로 가족은 희생자이기도 합니다. 또한 가족은 회복을 안내하는 치료자이기도 합니다. 가족이 건강해야 환자가 살고 가정이 삽니다. 그런 의미에서 환자도 공부하고 가족도 공부해야 합니다. 이 책이 그 공부에 도움이 되길 소망합니다. 책으로도 해결이 되지 않으면 어려워하지 말고 상담을 받으라고 권하고 싶습니다.

끝으로 이 책의 저자이신 이상선 상담사님, 이덕기 원장님, 최은정 교수님, 김혜선 교수님께 진정으로 감사의 말씀을 드립니다. 기꺼이 편집과 출판을 맡아주신 신정출판사 모든 분들에게 감사드리며 함께 노력해준 센터의 직원 여러분들에게도 감사드립니다.

광주서구중독관리통합지원센터장 신재정

Contents

chapter

01

치료 입문 전

가족들이 알아야 하는 것은 무엇인가요?

이상선 상담사

우리 가족은 알코올중독자인가요?

아버지께서는 평소에 술을 즐기는 편이 아닙니다. 그러나 한번 술을 마시기 시작하면 본인 몸도 가눌 수 없을 정도로 폭음을 하고 몸에서 더 이상 술을 감당할 수 없을 때까지 며칠이고 계속 마십니다. 또 마시지 않을 때는 몇 달 동안 마시지 않고도 잘 지냅니다.

매일같이 술을 마시는 것도 아니고, 또 술을 안 마실 때는 마시지 않을 수도 있는 것 같은데, 우리 아버지도 알코올중독자인가요?

아들이 대학교에 입학하고 나서부터 친구들과 술을 마시고 새벽에 귀가하는 날이 많아졌어요. 최근에는 만취될 정도로 술을 마시고, 학교도 잘 가지 않는 날이 많습니다. 그렇다고 해서 사고를 치거나 가족들을 힘들게 하지는 않습니다. 술을 마시는 횟수가 점점 많아지다 보니 술에 의존하는 것은 아닌지 궁금합니다.

치료 입문 전 가족들은 매일 마시는 것도 아니고 안 마실 때는 며칠씩 또는 몇 달씩 안 마시기도 하는데 그런데도 '알코올중독일까?' 하는 고민을 가장 많이 할 것입니다.

이럴 때 알코올중독 자가선별검사를 통해 확인하는 방법이 있습니다. 가족 중에서 알코올중독이 아닐까라고 고민되는 사람의 모습과 비슷하거나 해당된다고 생각되는 문항에 체크하는 방법입니다. (부록-1 알코올 사용 장애 선별검사(AUDIT-K) 및 평가 기준표 참조)

알코올중독의 진행단계별 증상들

알코올중독은 일시적으로 나타나는 것이 아니라 진행 상태에 따라 신체적, 정신적, 가족적, 사회적인 피해들이 단계적으로 나타나게 됩니다. 현재 자신의 상태가 어느 단계에 해당되는지 파악해 보고 치료가 필요하다는 사실을 인식해야 합니다.

1단계 전구적 단계

가. 해방감을 위해 때때로 마신다.
나. 해방감을 위해 매일 마신다.
다. 알코올에 대한 내성의 증진

↓

2단계 진행성 단계 (초기)

1. 최초의 기억상실
2. 은밀한 음주
3. 알코올 선취
4. 꿀꺽꿀꺽 마신다.
5. 음주에 대한 죄책감
6. 음주에 대한 논의를 피한다.
7. 기억상실 증가

3단계 중대한 위기단계 (중기)

8. 알코올 조절 능력 상실
9. 알코올중독자의 변명
10. 과장된 태도
11. 공격적 행동
12. 끊임없는 가책
13. 한때 술을 끊는다.
14. 마시는 습관을 바꾼다.
15. 친구들을 피한다.
16. 직장을 잃는다.
17. 알코올 중심의 생활
18. 외부에 관심을 잃는다.
19. 자기 연민
20. 타인과의 교제를 싫어한다.
21. 일시적 도피
22. 가정생활에 변화
23. 불합리한 원한
24. 알코올 보급에 대한 관심
25. 영양에 무관심
26. 입원
27. 성적 욕구 감퇴
28. 질투와 의처증
29. 해장술을 마신다.

4단계 만성적 단계 (말기)

30. 장취
31. 도덕적 타락
32. 사고력 장애
33. 음주로 인한 정신병
35. 알코올 내성의 상실
36. 막연한 공포
37. 떨림
38. 음주에 대한 강박감
39. 구실을 찾지 못하고 완전한 패배를 인정한다.

정신적 불구자 | 회복 | 죽음

알코올중독자 가족들의 공통된 특징은 무엇인가요?

• 내가 조금만 더 잘해 주었더라면 음주를 하지 않았을 텐데

아버지는 젊어서부터 술을 좋아하셨어요. 지금도 매일같이 술을 마십니다. 술을 마시면 온갖 욕설과 어머니에 대한 불만, 자식들에 대한 불만으로 난리를 피우다 잠이 드시죠. 그럴 때마다 아버지가 술을 마시는 것이 어머니와 저희 때문이라는 생각이 들어서 아버지가 원하시는 것을 하려고 노력했어요. 하지만 여전히 아버지는 술을 마시면 항상 어머니와 저희를 못마땅해 하는 것 같습니다. 지금은 아버지와 같이 사는 것이 너무 힘들고, 어머니가 불쌍해서 혼자 울 때도 많습니다.

가족들은 '내가 조금만 더 잘해 주었더라면 음주를 하지 않았을 거야.'라고 생각하면서 다양한 노력들을 합니다. 하지만 가족의 노력과 상관없이 지속적으로 음주를 하는 모습을 경험하게 되면서 가족들은 심한 좌절감에 빠져 우울해지는 경우도 있습니다.

알코올중독자가 술을 마시기 위해 가족이나 주변 환경을 비난하는 것은 자신의 음주 문제를 타인에게 전가시켜 술을 마시는 것을 정당화하기 위한 행동입니다.

• 가족의 술 문제로 모임에 참석하기가 두려워요.

남편의 술 때문에 명절이나 부부동반모임이 다가오는 게 두려워요. 작년 추석에는 가족이나 친척들이 다 모인 자리에서 술을 마시고 친척들에게 욕설을 하고 집안살림을 부수는 등 차마 눈 뜨고 보기 힘든 행동을 해서 친척들과 왕래도 하지 못하게 되었죠. 동네에서도 소리를 지르거나 아파트 현관에서 잠을 자는 걸 경비원이 집으로 데려다준 적이 한두 번이 아니네요. 이제는 동네에도 소문이 나서 밖에 나가는 것도 창피하고 부끄러워요.

• 술을 못 마시게 하기 위해 다양한 방법을 시도했습니다.

술을 마시면 자제를 못하고 계속 마십니다. 단 하루도 빠짐없이 아침부터 잠자기 전까지 술을 마셔요. 술을 마시고 다친 적도 많고, 기억도 못 하는 경우도 많습니다. 어머니께서 술을 못 마시게 하려고 돈도 빼앗아 보고, 집에서 하루 종일 지키고 있던 적도 있습니다. 그리고 술을 마시지 않겠다는 각서를 받아서 문 앞에 붙여놓기도 해봤지만 약속은 지켜지지 않았습니다.

가족이나 지인들과의 모임에서 중독자가 또 실수할지 모른다는 불안함과 창피함으로 인해 모임을 회피하게 되고 사람들을 만나지 않게 되면서 소외감을 느끼게 됩니다.

■ 가족들의 다양한 시도들 ■

- 다시는 술을 마시지 않겠다는 약속이나 다짐을 강요한다.
- 집에 술병을 감추거나 버리고, 돈을 주지 않는다.
- 울면서 감정에 호소하거나 협박을 하고 달래며 잔소리한다.
- 점집을 찾아다니고, 종교를 믿으면서 신앙에 의지한다.
- 요청 및 문제들을 대신 해결해 주며 비위를 맞춘다.

가족들의 다양한 시도들은 일시적으로는 효과가 있을 수 있으나, 결국 재음주로 이어지는 모습을 볼 수 있습니다. 알코올중독은 치료를 해야 하는 질병이므로 단주를 위해서는 효과적이고 체계적인 치료가 꼭 필요합니다.

• 음주로 인해 발생한 문제를 해결하느라, 힘이 들어요.

오빠는 술만 먹었다 하면 사고를 칩니다. 수없이 물건을 부수고, 술집 주인이 외상값을 갚으라고 찾아오지를 않나…. 반복적인 시비와 다툼 때문에 경찰서 및 교도소 수감 생활도 했습니다. 오빠가 사고를 내면 가족들이 수습을 하는 것이 당연한 것처럼 되어 버렸습니다. 사고를 수습하는 것도 한두 번이지, 이제는 오빠가 또 어떤 사고를 칠까 하는 걱정에 두려울 정도입니다.

알코올중독자의 음주로 인해 발생하는 문제에 대해 가족들이 대신 고통을 감내해 주게 되면 알코올중독자는 자신의 문제를 인정하지 못하게 됩니다. 또한, 중독자를 위해 주위 사람들이 계속 변명을 해주고 책임을 대신하여 준다면 이 병은 계속 진행될 수밖에 없습니다.

가족들이 알코올중독을 병으로 인정하지 않고 나름대로 대처해 온 것이 가끔은 상황을 더 어렵게 합니다. 오히려 이해부족으로 알코올중독이 진행되게 만들기도 합니다. 일반적으로 모든 환자는 사랑과 보살핌이 필요하고 그들이 건강을 회복하도록 관심을 가져 주는 것이 당연합니다. 그러나 알코올중독자는 관심과 돌봄이 오히려 병을 악화시킵니다.

알코올중독자의 자녀는 어떠한 영향을 받게 되나요?

자녀는 부모의 양육태도에 따라 매우 다양하게 영향을 받습니다. 자신에게 필요한 문제를 해결해 나가는 능력이나 나이에 맞는 적절한 책임감을 길러야 되는 시기에 알코올중독자 부모의 술 문제에 대해 깊이 관여할 수밖에 없어 자신을 돌보지 못하게 됩니다.

● 아버지 때문에 항상 마음이 불안해요.

아버지는 제가 어릴 때부터 지금까지 술만 마시고 있어요. 매일 술에 취해서 어머니와 저희들에게 욕을 하거나 집안에 물건을 부수는 등 항상 화가 나 있는 상태예요. 아버지께서 언제 화를 내실지 몰라서 어머니와 저는 아버지 눈치만 보면서 지내요. 아버지로 인해 어머니가 집을 나가버릴까 봐 불안한 적도 많고요. 친구들이 술 취한 아버지의 모습을 봤을지도 모른다는 생각에 친한 친구도 만들지 못했어요. 그럴 때마다 아버지가 죽어버렸으면 하는 마음도 많았어요. 아버지가 죽기만을 바라는 자녀는 이 세상에 저 밖에 없겠죠. 이런 제가 저도 너무 싫어요.

이런 문제가 일찍부터 밖으로 표출되는 자녀도 있고, 성인이 된 이후에 나타나는 자녀도 있습니다. 가족 내에서 부모의 역할은 매우 큰 비중을 차지하며, 자녀는 부모와의 상호 작용을 통해 정서적, 경험적 유대감을 형성합니다. 술 문제가 있는 가정의 경우 가족의 모든 관심사가 술에만 집중되어 있어 자녀들이 알코올중독으로 인한 영향을 받았을 것이라는 생각은 미처 하지 못합니다. 술로 인한 가정의 문제가 있는데 아이만은 그 영향을 받지 않고 잘 자라고 있을 거라는 생각은 잘못된 것입니다.

알코올중독에 대한 가족들의 대처 방법이 있나요?

가족들이 아무리 노력해도 중독자의 행동은 바꾸어 놓을 수도, 조절할 수도 없습니다. 가족들이 할 수 있는 것이란 이제까지 해왔던 역할을 포기하고 알코올중독자 스스로 자신이 처해 있는 모습과 상황을 잘 보고 깨달을 수 있도록 술로 인해 발생된 모든 문제들을 대신 해결해 주지 않고 놔두는 것입니다.

가족들은 중독자가 무슨 일을 하던지 내버려두고 그의 행동을 그 사람과 분리해서 생각하는 것이 필요합니다. 가족들이 중독자가 겪게 될 어려움을 대신 해결해 주면 스스로가 중독자임을 깨닫지 못하게 도와주는 것입니다.

'얽매이지 않고 마음의 여유를 가지고 느긋하다.'는 뜻을 가진 초연(超然)이란 단어처럼 초연한 자세를 취해야 합니다.

가족 혼자의 힘으로 모든 것을 해결하려고 하지 않아야 합니다.

알코올중독은 가족의 잘못 때문에 발생하는 것이 아니므로 가족이 수치심을 느낄 이유는 전혀 없습니다. 치료전문기관, 친구, 친척 그리고 같은 처지를 경험하고 있는 다른 가족과 상담하거나 의논해서 자신의 어려움에 관한 효과적인 해결책을 얻을 수도 있으며 괴로움을 나누어 가짐으로써 정신적인 고통을 경감시킬 수 있습니다.

가족의 역할은 알코올중독자가 단주생활을 하고 회복을 위해 구체적인 노력을 할 때 효과적으로 도와주고 격려하는 것입니다.

알코올중독자가 단주에 대한 결심을 하고 단주생활을 유지할 수 있도록 가족들의 일관된 지지가 필요합니다. 회복의 목적은 단주생활을 유지하는 것이기 때문에 가족들도 회복을 위해 도움을 주고 격려해 주어야 합니다.

단주하는 결정적인 계기는 단주의 이익이 더 크고 술을 마시면 오히려 손해가 된다는 점을 깨달을 때입니다.

술로 야기되는 문제의 심각성을 인식할 수 있도록 술 문제에 대해 '직면'을 시켜줍니다. '직면'이란 알코올중독 환자에게 음주로 인한 문제점을 객관적인 사실 그대로 지적해 주는 과정을 말합니다. 이때 주의할 점은 알코올중독자를 감정적으로 비난하지 말고 언제, 어디서, 무엇을 등 구체적으로 지적해 주는 것입니다. 혼자보다는 가족, 친척, 친구를 동원해서 함께 하는 것이 효과적입니다.

치료를 선택하지 못하는 이유에는 어떤 것들이 있나요?

알코올중독은 치료가 필요한 질병이라는 것을 가족들이 알고 있음에도 불구하고 치료를 선택하지 못하는 이유들이 많이 있습니다.

남편은 원래 술을 좋아하고 다른 사람들보다 술을 잘 마시는 편이에요. 최근 회사일이 잘 풀리지 않아서 음주량이 더 많이 늘어나고, 혼자 마시는 날도 많아졌어요. 며칠 전에는 집에서 소주를 너무 많이 마셔서 응급실에 실려 간 적도 있고요. 알코올중독이라는 진단을 받고 병원에 입원을 했는데, 남편이 자신의 의지에 따라 술을 마실 수도 있고 안 마실 수도 있으니 당장 퇴원시키지 않으면 가만 두지 않겠다고 해서 퇴원을 했어요. 퇴원 후에 며칠 정도 마시지 않고 지내기도 했지만 다시 예전처럼 매일 술을 마시고 있어서 입원을 시켜야 할지 고민이에요.

■ 치료를 선택하지 못하는 경우 ■

- 중독이라는 병에 대한 사회적인 선입견 때문에
- 중독(병) 자체에 대한 무지 때문에
- 강한 의지로 나을 수 있다고 생각하기 때문에
- 환자의 강한 거부로 인해서
- 다른 가족들(시댁, 처가, 형제들)의 협조가 되지 않아서
- 직장에서 휴가받기가 어렵고 불이익을 받을까봐
- 경제적인 어려움(병원비, 생활비 영향)
- 창피함, 수치스러움, 두려움, 무서움 등의 죄책감과 안쓰러운 감정 때문에

여러 가지 다양한 이유들로 인해서 가족들은 치료를 선택하지 못하고 고민하게 됩니다. 그러나 알코올중독은 진행성 질병이기 때문에 치료시기가 늦어질수록 문제가 더 심각해지고 악화됩니다.

입원치료를 선택해야 하는 이유는 무엇인가요?

환자는 마음만 먹으면 언제라도 끊을 수 있다고 말합니다. 가족은 술을 끊는 게 뭐 그리 어렵냐고 합니다. 그렇지만 알코올중독은 하나의 질병으로 본인의 의지나 노력만으로는 극복하기 어렵습니다. 언제든 술을 접하고 마실 수 있는 환경에서 벗어나 집중적으로 치료를 받아야 합니다. 치료에서는 음주 중단이 회복의 첫 단계이기 때문에 우선 첫잔을 피하는 것이 중독자의 치료에 가장 중요한 부분입니다. 따라서 가족들과 주위 사람들은 입원치료를 권해야 합니다.

알코올중독자에게 술이 있는 환경은 고양이에게 생선을 맡겨놓은 것과 같습니다. 일정기간 동안 술과의 접촉 자체를 차단하여 술의 유혹을 뿌리칠 수 있는 힘을 길러주는 시간이 필요합니다. 그러기 위해서 보호병동(폐쇄병동)에서 입원치료를 받아야 합니다.

그 이후 술을 마시지 않는 방법을 배우고, 익히고, 습관화하기 위해 외출이나 외박이 가능한 개방병동에서의 치료를 이어가게 됩니다. 이후 직장생활 및 사회생활을 위한 재활병동에서도 도움을 받을 수 있습니다.

입원치료를 받으러 오는 알코올중독자 대부분은 조절능력이 상실되고 신체적·정신적으로 건강이 많이 안 좋아진 상태인 중대한 위기증세에 있는 분들이 많습니다. 이때는 병에서 회복하기 위해 많은 노력과 시간이 필요합니다.

일반병원 내과에 입원하는 것이 아니라 전문적인 단주프로그램이 있는 알코올 전문병원에 입원시키는 것이 바람직합니다.

알코올중독자나 가족은 교육의 필요성에 대해 의문을 갖겠지만 치료자의 오랜 임상경험 등을 바탕으로 체계적이고 단계적인 과정이 필요한 것이 알코올중독 치료의 특징입니다.

입원치료의 형태는 가족에 의한 동의입원과 자의 입원이 있습니다. 자의입원의 경우 스스로 알코올중독자임을 인정하고 치료에 적극적으로 참여하기 때문에 예후가 가장 좋습니다. 그러나 대부분의 알코올중독자는 중독에 대한 질병 인식이 낮으며 부정하려고 하는 경향이 있어 치료의 필요성을 받아들이지 않습니다. 그래서 치료의 필요성을 인지한 가족에 의한 동의입원이 더 많은 비중을 차지합니다.

치료 입문 당시 가족들이 알아야 하는 것은 무엇인가요?

알코올중독은 가족병이라고 합니다. 가족병이라고 하는 이유는 가족 구성원의 주요 행동이 술을 마시는 알코올중독자의 반응에서부터 나오기 때문입니다. 생활의 중심은 술과 술에 대한 반응에 있으며 가족들은 점점 현실과 멀어지고, 일어난 일에 대해 자기비하·불신·원한만이 남습니다.

가족들은 그들 자신이 심각하게 감정적인 문제에 어려움을 겪고 있다는 것을 깨닫지 못한 채 술에 관심을 갖게 됩니다. 함께 사는 사람도 알코올중독자만큼이나 자기중심적이 될 수 있으며 사용하는 말 또한 자기중심적이 됩니다. 자녀들도 공포감, 두려움, 증오감, 죄책감, 외로움 등을 느끼게 되며 제대로 양육받지도 못합니다.

알코올중독자의 배우자들은 무의식적으로 환자가 계속 중독 상태에 머물게 하는 소위 공동의존증에 걸린 경우도 있습니다. 이렇게 알코올중독자의 가족들은 피해자이기도 하지만 동시에 방관자이기도 하고 어떤 경우는 가해자이기도 한 것입니다.

알코올중독에 대해 가족들이 꼭 알아두어야 하는 사항은 무엇인가요?

알코올중독은 점진적으로 나빠지며 진행적이고 치명적인 질병으로서 신체적, 정신적, 사회적, 가족적, 영적인 피해로 이어지고 특히 개인의 의지로는 억제할 수 없는 분명한 질병입니다.

스스로가 알코올중독임을 인식하고 회복할 수 있도록 돕는 가족의 힘이 절대적으로 필요합니다. 이때 가족이 효과적으로 도움을 주기 위해 꼭 알아두어야 하는 몇 가지 사항이 있습니다.

- 조기 치료는 가족 및 주변 사람들과의 관계에 손실이 발생하지 않도록 예방할 수 있어 알코올중독의 회복에 좋은 결과를 가져온다.
- 알코올중독자의 예후는 가족의 냉정한 사랑에 달려 있다.
- 중독자가 술이 깰 때 또 술을 마시는 이유는 고통스런 금단증상을 피하기 위해서이다.
- 입원 초기는 금단현상 때문에 다시 음주하고 싶다는 충동으로 퇴원에 대한 요구가 집요하다. 환자의 요구에 따른 퇴원

은 치료의 조기 중단으로 치료의 실패를 의미한다. 이때 냉정한 사랑이 필요하다.

- 치료의 일차 목표는 본인이 술을 조절할 수 없다는 사실과 술 앞에서 완전 무력했음을 인식하는 것이다. 또한 가족들에게 피해를 준 사실을 깊이 깨닫고 감사의 마음을 갖도록 하는 것이다.
- 자녀들에게 알코올중독이 대물림이 되지 않도록 예방이 필요하다. 자녀 또한 알코올중독에 대한 교육 및 자조모임(알라틴)에 참석하여 지지체계를 마련하고 도움을 받을 수 있다.
- 가족들도 교육에 참석해서 알코올중독이라는 병에 대해 알아야 한다. 환자를 이해하도록 노력해야 하며 자조모임(알라넌)에 참석하여 지지체계를 마련하고 도움을 받을 수 있다.
- 수많은 실수와 재발이 반복되지만 환자는 조금씩 발전을 하고 있다. 인내하고 함께하면 회복이 가능하므로 용기를 잃지 않아야 한다.

알코올중독자를 위한 가족의 역할과 태도는 어떻게 해야 하나요?

알코올중독으로 인해 가장 많은 영향을 받고 또 알코올중독자에게 가장 많은 영향을 미치는 사람은 바로 가족입니다. 알코올중독자가 치료를 받고 돌아가는 곳도 가족이기 때문에 가족의 역할은 매우 중요합니다.

- 알코올중독은 만성적 질병으로 가족들의 인내가 필요합니다.

알코올중독은 진행적이고 만성적인 질병입니다. 중독에서 회복에 이르기까지 신체적, 정신적, 사회적, 가족관계, 대인관계 등 음주로 인해 발생된 문제들이 해결되어 술 없이 일상생활이 유지되는 것이므로 끊임없는 노력과 인내가 환자뿐만 아니라 가족들에게도 필요합니다.

- 회복은 중독자의 노력과 가족의 협조, 치료자의 열정으로 가능합니다.

회복은 중독자 혼자 힘으로 이루어내기 어려우므로 회복을 위해 중독자, 가족, 치료진의 노력과 역할이 매우 중요합니다.

• 중독자 때문에 가족은 자신에게 소홀히 해서는 안 됩니다.

중독자가 누군가를 탓하며 자신의 인생을 망쳤다고 말하는 것처럼 가족 또한 중독자 때문에 자신의 인생을 망쳤다는 말을 하지 않도록 주의해야 하며 가족도 자신의 인생을 책임져야 합니다.

• 중독 치료는 맹장수술이 아닙니다.

치료자에게 수술을 맡긴다고 치료가 끝나는 것은 아닙니다. 면회와 가족 교육, 가족 모임에 참여하여 알코올중독이란 질병이 어떤 것인지에 대해 알고, 회복을 위해 끊임없이 노력해야 합니다.

• 가족도 중독에 대해 공부해야 합니다.

중독자와 함께 살 사람은 치료자가 아니고 가족입니다. 지피지기면 백전백승이라는 말처럼 가족이 중독에 대해 잘 알지 못하는 상태에서 효과적인 도움을 줄 수 없기 때문에 알코올중독이 어떤 것인지에 대해서 알아야 합니다.

사례

치료과정을 이수하고 퇴원한 환자 사례

저는 알코올중독자입니다. 지금 이렇게 알코올중독자임을 시인하기까지는 오랜 시간이 걸렸습니다. 직장의 회식과 동료들과의 모임 등 술을 마실 수 있는 자리가 많아 1주일에 2~3번 정도는 항상 술을 마셨습니다. 술을 마시는 양과 횟수가 늘어나면서 거의 매일 술을 마시고 잦은 결근과 업무 실수로 인해 결국 직장에서 해고통지를 받았습니다. 그래도 제 스스로가 알코올중독자라고는 생각조차 못했습니다. 술을 마시는 횟수와 양을 줄여보겠다는 생각만 했습니다. 며칠에서 한 달 정도까지 술을 안 마신 적도 있었지만, 술을 마시게 되면 거의 매일 마셔야만 했습니다. 집에서 술만 마시는 저의 모습을 보고 가족들이 입원을 하자고 권유했지만, 입원에 대한 거부감이 강했기 때문에 저의 의사와 상관없이 알코올중독 병원에 입원을 시켰습니다. 입원 후에는 술을 마실 수 없다는 초조함과 불안함 그리고 술을 마시고 싶은 갈망감에 기필코 퇴원을 해야겠다는 마음밖에 없었습니다. 가족들과 전화나 면회가 될 때면 퇴원을 시켜 달라는 말만 반복적으로 했습니다. “나가서 죽어 버리겠다.”, “퇴원 하면 절대로 술을 마시지 않겠다."라며 가족들을 협박하고 회유를 했지만 가족들은 절대로 퇴원을 시켜 주지 않았습니다. 가족들은 퇴원하고 싶으면 치료진이 시키는 대로 치료과정을 다 끝마치라고 했습니다. 그때는 가족들을 죽이고 싶을 정도로 미웠지만, 지금은 그때 퇴원을 시키지 않은 가족에게 고마운 마음을 갖고 있습니다. 보호병동에서 알코올중독 교육과 치료진의 상담을 통해 그동안 술을 마셨던 내 모습이 알코올중독자의 전형적인 모습이라는 것을 알게 되었습니다. 내 의지로 술을 안 마실 수 있다고 생각했던 것이 얼마나 잘못된 생각이었는지 깨닫게 되면서 단주 결심을 하게 되었습니다. 단주 결심 후에는 밖에서 단주생활을 하면서 잘 지낼 수 있을 것 같은 자신감이 들어서 치료진과 가족들에게 다시 퇴원 요구를 하였습니다. 그러나 가족들과 치료진이 퇴원은 안 된다고 했습니다. 아직까지는 단주를 하면서 일상적으로 살아가는 방법을 잘 모르기 때문에 방법을 익히고 훈련을 해야 된다고 했습니다. 개방병동의 외출·외박 프로그램을 통해 동네 슈퍼에서 술이 아닌 음료수도 사먹고, 술을 마시지 않고 지내는 시간이 많아지면서 가족들과의 사이도 좋아졌습니다. 치료 과정을 모두 마치고 퇴원을 하게 되었습니다. 퇴원 후에도 병원 외래치료 및 AA모임에 참여하면서 단주 생활을 유지하고 있습니다.

가족 교육이 필요한가요?

가족 교육의 참여는 중독자의 회복과 가족 자신의 치료에 많은 영향을 주게 되므로 참여해서 도움을 받아야 합니다.

- 자신의 가족인 중독자에 대해 이해하고 잘 알게 됨으로 중독이 얼마나 심한 상태인지, 무엇이 문제인지를 평가할 수 있다.
- 치료받고자 하는 마음이 없는 중독자가 치료받을 수 있도록 유도하여 동기를 부여한다.
- 중독자의 단주를 효과적으로 도울 수 있다.
- 배우자와 자녀의 건강 유지에 도움이 된다.
- 앞으로의 생활을 계획할 수 있다.
- 고위험군인 가족의 음주 문제를 예방할 수 있다.

가족 친목 모임(알라넌, 알라틴)이 필요한가요?

내 마음이 괴로운 것은 내 안의 진정한 위안이 없기 때문이다.
내 입으로 그 문제를 꺼내 놓고 누군가와 이야기하기 전에는…

가족의 심리적 안정과 정신적 건강 없이 환자가 혼자만의 힘으로 중독에서 벗어난다는 것은 엄청나게 힘든 일입니다. 따라서 같은 문제를 가진 가족들이 환자의 심리적 상태 및 중독의 특성에 대해 알려주고 서로 격려하고 지지하는 가족 모임에서 많은 도움을 받을 수 있습니다.

■ 알라넌, 알라틴의 제안된 서론 ■

알라넌은 알코올중독자들의 가족과 친척, 친구들의 친목모임입니다. 그들의 공동문제들을 해결하기 위하여 서로 간의 경험과 힘과 희망을 함께 나누는 친목모임입니다. 알코올중독은 가족병이며, 회복되기 위해서는 우리의 태도가 변화되어야 된다는 것을 믿습니다.
알라넌은 어떠한 종교나 종파, 정치나 조직 혹은 학회와도 동맹을 맺고 있지 않습니다. 또한 어떠한 논쟁에도 관여하려고 하지 않고, 어떤 주장에 찬성하지도 않고 반대하지도 않습니다. 알라넌의 멤버에게는 가입비나 사례금이 필요치 않습니다. 우리는 자발적인 기부금으로 자립하고 있습니다. 알라넌의 유일한 목표는 알코올중독자들의 가족을 돕는 것입니다.

세 가지를 실천함으로써 이 목표를 성취할 수 있습니다.

1. 12단계를 실천하고
2. 알코올중독자들의 가족들을 환영하고 위안하며
3. 알코올중독자를 이해하고 격려하는 것입니다.

chapter

02

치료 중 가족상담
퇴원 후 가족상담

이덕기 정신건강의학과 전문의

이 장에서는 알코올중독 환자나 가족들이 치료를 받기 전이나 받는 동안 궁금해하는 여러 가지 궁금점들을 모아 질의문답 형식으로 살펴보도록 하겠습니다.

외래치료 시의 질문

알코올중독인 경우 어떤 경우에 외래통원치료를 받고, 어떤 경우에 입원을 하나요?

- 입원치료가 필요한 경우는 다음과 같습니다.

1. 음주 충동이 아주 심하여 하루도 음주를 참을 수 없는 경우

2. 진전, 발한, 불면증, 경련, 정신혼란 등의 금단증상이 아주 심한 경우
3. 신체상태나 정신상태가 아주 쇠약해진 경우
4. 음주 문제에 대한 병식이 부족한 경우
5. 외래치료에서 실패한 경우

◍ 외래치료가 필요한 경우는 다음과 같습니다.

1. 음주 충동이나 음주 문제가 매우 심하지 않은 경우
2. 심한 금단증상이 없는 경우
3. 심각한 신체적 혹은 정신의학적인 증상이 없는 경우
4. 음주 문제 해결에 대한 의지가 있는 경우

병원을 방문하면 알코올중독에 대하여 어떤 검사를 하나요?

1. 우선 의사와의 면담과 진찰을 통하여, 음주상태가 병적인지를 평가하고, 중독증 증상의 유무 판별
2. 혈액검사, 심전도 등 전반적인 신체상태 검사와 간, 심장 혈액검사
3. 심리검사를 통하여 알코올중독증의 심한 정도와 유형, 우울증, 불안증, 스트레스 장애, 성격장애와 기억력장애 등 동반되는 정신질환에 대한 검사

4. 음주상태에서 다치는 일이 종종 있기 때문에 골절상, 두부 외상 등에 대해서도 평가

알코올중독인 경우에 경한 초기, 중기, 말기상태를 어떻게 구별할 수 있나요?

초기증상으로 일시적 기억상실(필름이 끊기는 현상)의 발생, 음주량과 빈도의 증가, 내성증의 증가, 술 생각에 사로잡히고 술 마시는 것에 대하여 변명을 하는 것 등이 있습니다. 중기증상은 음주조절장애가 발생하는 것인데 평균적으로 세 번 마셨을 때 한 번 정도를 조절하지 못한다면 알코올중독의 중기라고 볼 수 있습니다. 중기의 다른 증상으로는 혼자서 술을 마시거나 술을 마신 후 성격 변화, 불면과 손 떨림 등의 금단증상, 힘들 때 술을 마시지 않으면 안 된다는 심리적 의존증상, 의처증 등의 편집사고가 있습니다. 말기 증상은 24시간 이상 술을 계속 마시는 현상으로 해장술을 마실 뿐만 아니라 낮에도 술을 마시며, 술을 마시는 동안에는 식사를 거의 하지 않습니다. 그리고 역내성이 발생하며, 간경화 같은 심각한 신체 합병증이 나타나고, 환각, 피해망상과 같은 알코올성 정신병이 발생하기도 합니다.

알코올중독증의 금단증상에는 어떤 것이 있나요?

가장 흔한 금단증상은 불면증입니다. 술을 마시지 않으면 잠이 들기 어렵거나, 자다가 자주 깨게 되고 손과 몸이 떨리는 진전, 땀이 나며, 혈압이 상승하고 맥박이 빨라지는 자율신경계 항진증상도 발생합니다. 심한 경우 알코올성 간질을 겪게 되고 섬망이라고 하는 정신착란이 발생하기도 합니다.

알코올중독증의 합병증에는 어떤 병이 있나요?

신체적인 합병증에는 위염, 위궤양 같은 위장장애, 알코올성 간염·간경화 같은 간장애, 당뇨와 췌장염, 고혈압, 심장기능이 나빠지는 심부전 등이 있으며, 정신적인 합병증에는 우울증과 기억력이 나빠지는 인지기능장애가 있습니다.

알코올중독증이 심해지면 정신상태가 나빠지나요?

십 년 이상의 기간 동안 과음을 반복하면 성격 변화가 일어나게 됩니다. 그 결과 이전에는 그렇지 않은 사람이 성격이 급해지고, 화를 잘 내고, 주위 사람들을 의심하고, 자주 싸우고 변덕이 심해지고, 자기중심적으로만 생각하게 됩니다. 또 열등감이 심해져 겉으로는 더 고집이 세고 오만해지며 큰소리치기도 하고 정반대로 우울증에 빠지기도 합니다. 기억력과 집중력이 떨어지는 인지기능의 장애가 발생하고 심하면 알코올성 치매가 옵니다. 따라서 술을 마시지 않으면 정신이 멀쩡하다고 생각할 것이 아니라 맨 정신에서도 정신상태가 나빠지지는 않는지 주의해 보아야 합니다. 겉으로 보기에는 정신이 멀쩡해 보여도, 본격적인 검사를 해보면 기억력, 집중력 등의 인지기능이 저하되어 있거나 성격장애가 있는 경우가 종종 있습니다.

어떤 사람이 알코올중독증에 잘 걸리나요?

술을 마시면 감정조절이 잘 되는, 즉 불쾌한 감정이 쉽게 사라지고 기분이 풀리는 사람, 주량이 센 사람, 생활하는 데 스트레스가 심한 사람, 술이 아닌 다른 방법으로는 스트레스를 풀기 힘든 사람, 주변 환경이 술을 자주 마시게 하는 사람은 알코올중독증에 걸릴 위험이 높습니다. 또한 술에 어느 정도 취해서 자신의 감정과 행동에 대한 자제력을 잃고 실수를 반복하고서도 대수롭지 않게 생각하는 사람도 알코올중독증으로 진행할 가능성이 높습니다. 어릴 때 아동학대나 방임 때문에 심한 마음의 상처를 가지고 있는 사람이나 자신의 부모 중 한 사람이 알코올중독자인 경우에도 중독증에 잘 걸립니다.

알코올중독증에는 어떤 유형이 있나요?

첫째, 음주행동을 기준으로 나눠볼 수 있습니다. 술을 거의 매일 마시는 유형, 자주 마시지는 않지만 한번 마시면 취하도록 마시는 폭주형과 자주 마시면서 취하도록 마시는 아주 심한 유형도 있습니다.

둘째, 음주에 따른 문제를 기준으로 나눌 수도 있습니다. 여기에는 술에 취했을 때 주위 사람에게 난폭한 행동을 행사하여 다른 사람에게 해를 주는 유형과 심한 음주로 자신의 몸과 정신을 해치는 유형으로 나눌 수 있습니다.

셋째, 음주동기를 기준으로 나누면 다음과 같습니다. 불안, 우울과 같은 불쾌한 감정을 이겨내기 위해 술을 마시는 유형, 즐거운 감정, 즉 쾌감을 느끼기 위해 술을 마시는 유형으로 나눌 수 있습니다.

알코올중독증은 대물림을 하나요?

술을 마시면 감정조절이 잘 되는, 즉 술에 대한 감수성의 예민도와 술을 취하도록 마시는 조절장애는 유전됩니다. 또 유전은 아니지만 술을 자주 마시고 술을 좋아하는 부모와 함께 생활하고, 술주정에 관대한 가정환경에서 성장한 사람이라면 나중에 성인이 되었을 때 술을 자주 마시고, 술주정을 대수롭지 않게 생각하게 되어 알코올중독증에 잘 걸리게 됩니다.

알코올중독에 걸리면 술을 끊어야 하나요?

알코올중독의 초기에는, 즉 음주조절장애가 심하지 않고, 음주 후에 문제행동이 발생하지 않으며, 직업활동, 가정 활동, 대인관계에 지장을 주지 않는다면 일주일에 1~2회 정도, 소량의 술을 마시는 조절음주를 목표로 하여 치료를 진행하기도 합니다. 물론 대부분의 알코올중독에 해당하는 조절장애가 있는 경우라면 최소한 1년 이상의 금주를 목표로 치료를 해야 합니다. 조절장애가 명백히 있는데도 불구하고 조절음주치료법을 시도하면 오히려 음주 문제가 더 악화됩니다.

외래치료를 받을 때 어떤 치료를 받나요?

알코올중독증에 대한 외래치료에서는 주로 상담치료와 약물치료를 받습니다. 먼저 상담치료는 치료자와의 상담을 통하여 자신의 현재 상태와 걱정되는 증상과 문제에 대하여 이야기하고 치료자의 설명과 의견을 듣고 치료자가 제안하는 해결방법을 같이 의논하는 것입니다. 상담치료에서는 자신의 현재 상태와 생각, 감정에 대하여 솔직하게 털어놓는 것이 무엇보다도 중요합니다. 음주에 대해서 뿐만 아니라 생활상의 문제, 특히 가족과 같은 가까운 사람과의 대인관계 문제에 대하여 상담을 해야 합니다.

알코올중독 환자가 복용하는 약물은 음주 충동을 줄이기 위한 음주 충동억제제, 불면증이나 우울증이 있는 경우에 수면제와 항우울제를 복용합니다. 알코올중독 상태에서는 음주 충동이 몹시 심하게 발생하는 날이 나타나는데, 이 경우에는 의지력만으로는 충동을 극복하기가 어렵습니다. 그래서 금주를 시도하는 초기 6개월에서 1년 정도는 음주 충동억제제를 복용하는 것이 좋습니다. 그리고 감정조절이 잘 되지 않으므로 변덕이 심한 경우에는 감정조절약물을 복용해야 합니다.

중독자가 외래치료를 받고 있는 경우 가족은 무엇을 해야 하나요?

첫째, 먼저 중독자의 외래치료에 대하여 지속적인 관심을 가져야 합니다. 규칙적으로 치료를 받고 있는지, 약물 잘 복용하는지를 확인해야 합니다.

둘째, 정기적으로 보호자도 함께 병원에 방문하여 치료 진척 여부를 확인하고 걱정되는 점을 치료자와 함께 의논해야 합니다. 염두에 두어야 하는 점은 중독증에 걸리면 자기도 모르는 사이에 자신의 음주 양상과 문제에 대하여 숨기고 말하지 않는 경향이 강해진다는 사실입니다. 자신의 음주 문제가 진전이 없거나 심지어 악화된다 하더라도 치료시간에 말하지 않는 경우가 많이 있습니다.

셋째, 금주가 치료 목표인데도 불구하고 중독자가 조절음주를 시도하려 하는 경우에는 음주에 반대하여야 하며, 음주에 동조하지 말아야 합니다. 음주에 따른 죄책감이나 부끄러움 때문에 가족에게 음주에 대한 동의를 은근히 구하는 경우가 많은데 이에 타협하지 말아야 합니다.

넷째, 어쩌다 술을 마시게 된 경우에 음주에 대한 이유를 가족 등 다른 사람의 탓으로 돌린다면, 음주는 중독자 자신의 결정에 따른 행동임을 상기시켜 다른 사람이나 환경의 탓으로 변명하는 잘못된 언행을 지적해야 합니다.

알코올중독자와 함께 생활하는 가족은 술을 마시지 않아도 중독자 때문에 마음의 병을 얻는다는 것이 사실인가요?

사실입니다. 중독자와 함께 생활하면, 중독자의 병적인 음주행동과 음주 문제에 대한 부정, 다른 사람의 탓으로 돌리는 변명, 중독자에 대한 실망, 중독자의 폭력적 언행, 경제적 어려움 같은 심리적 상처 때문에 가족은 심한 스트레스를 장기적으로 받게 됩니다. 따라서 우울증, 불안증 같은 정신적인 문제만이 아니라 고혈압, 관절염, 두통과 같은 신체적인 질병도 잘 발생하게 됩니다. 이와 같이 중독자와 함께 오랜 기간 동안 생활한 가족이 마음의 병에 걸린 상태를 공동의존증이라고 합니다.

알코올중독자인데 치료를 받지 않으려고 하면 어떻게 해야 하나요?

주기적으로 중독자에게 음주 문제에 대한 치료의 필요성을 표현하여 치료를 받도록 설득해야 합니다. 음주 문제가 지속되는데도 불구하고 계속 치료를 거부하면 중독자의 행동에 영향을 미칠 수 있는, 중독자가 어려워하는 사람(예를 들어 아버지, 삼촌, 친한 선배 등)을 찾아서 함께 설득하는 것이 좋습니다. 치료를 받지 않고 계속 술을 마신다면 보다 강력한 조치(예를 들어 입원, 별거, 용돈 금지)를 취할 것을 경고할 수도 있습니다. 중독자에 대한 설득이 불가능하다면 중독자가 참석하지 않고 가족들만이라도 치료자와 주기적으로 상담함으로써 중독자의 음주 문제에 대한 효과를 볼 수 있습니다. 이를 가족만의 상담이라고 합니다.

입원치료 시의 질문

알코올중독자가 입원하는 이유는 무엇인가요?

1. 외래치료를 통해서는 음주 문제를 해결할 수 없는 경우
2. 섬망이나 간질 같은 생명을 위협하는 금단증상이 심한 경우
3. 장기간의 폭주와 영양결핍으로 신체쇠약이 심한 경우
4. 음주 문제로 인하여 심각한 위기가 발생할 위험이 큰 경우

입원치료의 목표는 무엇이고 가족은 무엇을 기대할 수 있나요?

입원치료의 목표는 더 이상의 음주가 발생하지 않게 하고, 중독자의 신체적, 정신적 문제와 증상을 진단하고 치료하며, 금주에 대한 동기를 강화시키고, 음주 충동 극복기법, 감정조절기술, 대인관계 유지기술 등, 술을 마시지 않고 살아가는 데 필요한 능력을 훈련시켜 퇴원 후 술을 마시지 않고 정상적인 생활을 영위하도록 하는 것입니다.

입원하면 어떤 치료를 받나요? 어떤 치료단계를 거치나요? 입원치료 기간은 어떻게 되나요?

입원치료의 첫 번째 단계는 해독치료입니다. 치료약물과 수액용법을 통하여 금단증상을 치료하고 예방하며, 전반적인 신체상태를 회복시키는 단계입니다. 또, 이 단계에서 혈액검사, 방사선검사, 심전도검사를 통하여 신체적인 합병증을 진단하고 치료합니다.

두 번째 단계는 수용과 동기촉진의 단계로 개인상담과 집단치료프로그램을 통하여 자신의 음주상태와 이에 따른 문제를 스스로 인정하도록 하고, 금주를 하고자 하는 의지를 강화시키는 단계입니다.

세 번째 단계는 실천단계입니다. 일상생활에서 금주 유지에 필요한 음주 충동 극복방법, 감정조절기법, 대인관계 유지기법 등에 대하여 배우는 단계입니다. 이런 단계를 충실히 거쳐야 퇴원 후 금주를 유지하면서 자신이 원하는 생활을 영위할 수 있습니다.

중독 환자에게 필요한 입원치료기간은 개개인마다 다릅니다. 중기의 중독자라면 2~3개월의 입원치료기간이 필요하며, 중독의 말기거나 중독증상이 심한 경우는 6개월 이상이 필요할 수도 있습니다.

입원하면 어떤 검사를 받나요?

우선 알코올중독증과 이에 동반되는 신체질환을 평가하기 위하여 혈액검사, 방사선검사, 심전도 검사를 합니다. 이런 검사를 통하여 간경변, 췌장염, 심부전 등의 심각한 질환이 의심되면 더 정밀한 검사가 필요할 수도 있습니다. 또한 신체질환뿐만 아니라 알코올중독증에 동반될 수 있는 우울증, 조울증, 조현병, 망상장애, 불안증, 성격장애, 인지기능장애를 평가하기 위해서 심리검사를 시행합니다.

입원하면 중독자는 병원에서 어떻게 생활하나요?

중독 환자가 병원에 입원하여 의심되는 질병에 대하여 검사를 받고, 치료를 위한 약물치료를 받는 것은 일반적인 병원과 똑같습니다. 가장 큰 차이점은 알코올중독이라는 정신적인 문제로 입원한 경우는 개인 상담치료(정신과 의사, 사회복지사, 간호사)와 다양한 집단상담치료를 받는다는 것입니다. 상담을 통해 자신의 음주와 심리적인 문제에 대하여 보다 잘 알게 되고, 이를 극복하는 방법을 배우게 됩니다. 집단상담시간에 다른 중독 환자와 자신을 비교하면서 자신의 처지를 더 잘 이해하게 됩니다. 그런데 이러한 상담의 효과는 본인 스스로가 얼마나 열심히 하는가가 중요합니다. 입원치료의 효과가 개개인마다 다른 이유는 물론 원래의 중독증과 정신병리의 심각한 정도에 따라서도 달라지지만 본인이 치료시간 동안이나 병원생활을 하면서 어떤 마음가짐으로 얼마나 노력하는가도 매우 중요합니다.

입원 후 막무가내로 퇴원을 요구하면 어떻게 해야 하나요?

음주 문제로 입원을 하였다면 입원을 할 만큼 심각한 문제가 발생하여 입원하였을 것입니다. 이런 심각한 문제는 입원을 하였다고 해서 하루아침에 해결되지 않습니다. 입원치료의 필요성에 대하여 중독 환자에게 단호하게 이야기하여 계속 치료를 받도록 하는 것이 더 나은 경우가 많습니다. 만일 어쩔 수 없이 퇴원을 시켜야 하는 경우는 퇴원 전에 환자와의 면회를 통하여 다시 술을 마시는 경우, 입원 전과 같은 문제가 발생한 경우에 다시 입원을 한다는 다짐을 받고(필요한 경우는 문서로 작성할 수도 있습니다) 퇴원하도록 해야 합니다.

입원 후에 면회나 전화통화는 며칠에 한 번 정도 해야 하나요?

입원을 하였다면 가족이 규칙적인 전화통화(일주일에 1~2회)나 면회(한 달에 1~2회)를 통해서 환자에게 관심을 표현하고 병원생활을 잘 하고 있는지를 확인하는 것이 필요합니다. 집에서 함께 생활하는 경우에 음주 때문에 맑은 정신상태에서 대화를 나눌 수 있는 기회가 많지 않았을 것입니다. 현실적으로 오히려 병원에 입원해 있을 때 각자의 마음에 대하여 서로 허심탄회한 대화를 나눌 기회를 더 많이 만들 수 있습니다.

면회를 할 때 중독자인 가족을 어떻게 대해야 하고 어떤 말을 해야 하나요?

규칙적인 면회를 통해 중독 환자에게 관심이 있음을 표현하는 하는 것이 좋습니다. 감정적으로 대하지 않고 이성적으로 대하면서 입원 전의 음주와 문제행동에 대하여 지나치게 화를 내거나 비난하지 않아야 합니다. 또한 중독 환자의 말을 전부 들어주는, 너무 잘해주는 행동도 피하는 것이 좋습니다. 병원생활에서 어려움은 없는지 물어보고, 어떤 활동을 하는지 물으면서 치료시간에는 잘 참석하는지, 치료진과 어떤 면담을 하는지, 어떤 약물을 복용하며, 복용 후 효과와 부작용은 없는지 물어봅니다. 빈 시간을 어떻게 지내는지도 확인하고 입원치료를 받는다는 현실에 대하여 어떻게 생각하는지에 대하여 이야기하는 것이 좋습니다. 그리고 가족이 생각하는 입원한 이유(문제가 된 음주와 행동)를 설명하고 입원에 대하여 반감을 가지고 있는지를 확인하면서 중독 환자의 심정과 생각을 잘 들어주어 자신과 가족, 과거와 현재에 대하여 어떤 생각을 가지고 있는지 알아봐야 합니다. 마음에 감추어 놓은 좋지 않은 감정이 있다면 풀도록 해야 합니다.

입원 중에 가족은 치료진과 어떤 상담을 해야 하나요?

먼저 중독 환자의 평가에 대하여 알코올중독이 심한 편인지, 동반되는 신체질환과 정신질환이 있는지를 물어보고, 동반되는 다른 정신질환이 있는지 확인합니다. 즉, 흔히 동반되는 우울증, 불안증, 성격장애, 편집성장애, 기억력 장애가 있는지를 물어봐야 합니다.

또한 병원생활에 대하여 긍정적인지, 치료시간에 잘 참석하고, 자신의 음주 문제를 해결하기 위한 노력을 하는지, 치료진이나 다른 환자들과 잘 어울리고 있는지도 확인해 보아야 합니다.

중독자와 같이 한 집에서 생활하는 가족은 중독자를 돕기 위해 노력하지만, 오히려 그러한 노력이 정반대의 결과, 즉 중독자로 하여금 술을 더 마시게 만드는 결과를 초래하기도 하는데 이를 공동의존증이라고 합니다. 따라서 입원 전, 평소에 중독자가 술에 마실 때나 문제행동을 일으킬 때 어떻게 하였으며, 앞으로 어떻게 대처할지에 대하여 상담하고, 중독자의 언행 때문에 마음의 상처를 받은 가족이 있다면 이에 대하여 이야기합니다. 중독증은 같이 사는 모든 가족에게 부정적인 영향을 미치는 질환이며, 자녀에게도 나쁜 영향을 미쳐 자녀의 학업부진, 가출, 우울증 같은 결과를 초래했다면 이에 대하여 상담하도록 해야 합니다.

담배도 많이 피는데 입원치료 중에 금연하도록 해야 하나요?

입원 초기에는 병원생활에 적응하느라 힘든 경우가 많기 때문에 당장 금연치료를 하기는 힘들 수 있습니다. 그러므로 입원 후 안정이 되고 난 후에 금연에 대해 치료진과 의논을 하는 것이 좋습니다. 대체로 알코올중독자가 금주를 하게 되면 자연스럽게 금연을 시도하는 경우가 많은데 우선은 금주에 집중해야 합니다.

입원한 중독자가 나이 많은 노인일 경우 보통 중독자와 다른 점은 어떤 것이 있을까요?

65세 이상의 노인 중독자는 몸이 약해져 이전에 비해 음주량이 줄어드는 것이 보통입니다. 하지만 이는 음주 문제가 좋아졌다는 것을 의미하는 것이 아니라 신체적으로 쇠약해졌음을 의미하므로 음주 문제가 해결됐다고 안심할 수 없습니다. 노인 중독자의 경우 입원을 하여 음주를 중단하면 정신혼란과 같은 심한 금단증상이 잘 발생하며 오래 지속됩니다. 입원을 한 후 2~3일 후에 면회를 가보면 가족조차 알아보지 못하는 정신혼란 상태에 빠지는 경우도 간혹 있습니다. 또한 우울증, 기억력장애가 있는데도 음주 문제 때문에 가려져 가족이 모르고 있는 경우가 많습니다. 따라서 입원 후 금주를 2주 이상 유지한 후에 이를 점검

해야 합니다.

입원한 중독자가 여성인데 남성중독자와 다른 점은 무엇인가요?

여성 알코올중독자는 남성에 비해 같은 양의 술을 마셔도 음주의 합병증이 심하게 나타납니다. 신체 합병증인 간질환, 당뇨, 말초신경염, 골다공증, 심부전도 자주 발생하며, 정신적인 합병증인 우울증, 불안증, 식이장애, 기억력 장애도 자주 발생합니다. 그리고 남성에 비해 음주기간이 짧은데도 불구하고 중독증에 잘 걸리는데 대인관계, 특히 가족관계에서 오는 갈등 때문에 술을 마시게 되는 경우가 많습니다.

중독자는 입원 중인데 그 배우자나 부모의 우울증, 스트레스 장애, 또 자녀에게 우울증이나 문제행동이 있는 경우에 치료진에게 말해야 하나요?

치료진에게 이야기해야 합니다. 중독자의 음주나 문제행동 때문에 생기는 다른 가족의 정신적인 질환이나 문제는 그대로 두면 악화되므로 상담이나 치료를 통해 해결하도록 해야 합니다. 또한 가족들이 이러한 정신적인 문제를 겪고 있음을 중독 환자에게 알려주어 자신의 음주 문제가 이러한 결과를 가져온다는 사실을 알게 하는 것도 중요합니다.

입원치료 후 어떤 경우에 예후가 좋고, 어떤 경우에 나쁜가요?

입원치료를 할 정도의 알코올중독이면 심각한 상태이므로 그 치료 목표가 적당하게 술을 마시는 조절음주일 경우 거의 100% 실패합니다. 치료 목표를 최소한 1년 이상의 금주에 두어야만 호전될 수 있습니다. 따라서 예후가 좋은 경우는 치료 목표가 금주인 경우와 퇴원 후에 약물치료와 상담을 이행할 마음이 있는 경우, AA와 같은 자조모임에 참석할 의지가 있는 경우, 치료진이나 가족에게 솔직하게 마음을 여는 경우, 자신의 음주나 문제행동의 탓을 다른 사람에게 돌리지 않는 경우, 마지막으로 다른 사람의 입장과 마음을 헤아리는 태도를 보이는 경우입니다.

이와 반대로 치료 목표가 조절음주인 경우나 퇴원 후에 약물치료와 상담을 이행할 마음이 없는 경우, AA와 같은 자조모임에 참석할 의지가 없는 경우, 치료진이나 가족에게 사실을 숨기고 고집이 세고 마음이 닫힌 경우, 자신의 음주나 문제행동을 다른 사람 탓으로 돌리는 경우, 다른 사람의 입장과 마음을 헤아리지 않는 자기중심적인 태도를 보이는 경우 등에는 예후가 좋지 않습니다.

입원치료 후 퇴원의 기준은 무엇인가요? 퇴원 후에 다시 술을 마실지 아닐지 어떻게 알 수 있나요?

퇴원의 기준은 음주 충동, 우울증, 불안증, 불면증 같은 증상들이 상당히 호전되고, 외래치료가 가능하며, 자신의 알코올중독증을 인정하고 금주하려는 의지가 있으며, 외래치료, 자조모임에 자발적으로 참석할 실천력이 있으며, 퇴원 후에 돌아가는 환경에서 술을 이겨낼 수 있는 경우 자신의 행동과 결정을 다른 사람의 탓으로 돌리지 않는 건전한 마음가짐을 보이는 경우입니다.

따라서 음주 충동, 우울증, 불안증, 불면증 같은 증상이 지속되고, 외래치료로는 치료가 어려우며, 자신의 알코올중독증을 인정하지 않고 금주하려는 의지가 없으며, 외래치료, 자조모임을 자발적으로 참석할 실천력이 없으며, 퇴원 후에 돌아가는 환경에서 술을 이겨낼 수 없는 경우 자신의 행동과 결정을 다른 사람의 탓으로 돌리는 병적인 마음가짐을 보이는 경우에는 음주 문제가 재발한다고 볼 수 있습니다.

퇴원 직전에 중독자와 어떤 이야기를 하며 계획을 세워야 하나요?

퇴원 전에 같이 생활하는 가족과 퇴원 후의 생활에 대하여 함께 이야기를 나누고 계획을 세워야 합니다. 막연하게 "이제 잘 살아보자."는 말은 거의 효과가 없습니다.

■ 퇴원 직전 세워야 할 계획 ■

1. 금주가 목표임을 분명히 한다. 입원할 정도라면 조절장애가 심하여 조절음주는 불가능하다.
2. 음주 충동을 불러일으키는 유혹적 환경이 생활 반경 안에 있다면 이에 대하여 대책을 세운다. 술친구가 있다면 최소 1년 동안 만나지 않도록 약속한다. 집안에 있는 술이 유혹이 된다면, 이를 치우고 다른 가족이 술 마시는 모습을 보이지 않는다.
3. 직업활동이 음주를 일으킨다면 금주생활이 안정된 후에 직업활동을 시작한다.
4. 상담과 약물치료와 같은 외래치료, 자조모임, 운동 등과 같은 회복활동을 일주일에 몇 회, 몇 시간 정도 할 것인지를 구체적으로 계획한다.
5. 다시 술을 조금 마시는 경우, 또 이전과 같은 문제 음주와 행동을 보이는 경우에 어떻게 할 것인지에 대해 계획을 세우고 합의한다.

퇴원 후의 질문

퇴원 후 다시 술을 마시면 어떻게 해야 하나요?

술을 마시거나 마셨다는 사실을 가족이 알고 있음을 말한 후 다시 금주를 결심하고 금주를 위한 회복활동을 하도록 제안합니다. 음주를 계속하면 다시 조절되지 않은 중독성 음주로 재발되며, 이 경우에 재입원 등의 조취를 취한다고 경고해야 합니다.

중독 환자의 금주를 위해 가족이 도울 점이 있는지 물어보고, 가능하다면 적극 도와야 합니다. 불가능한 요청은 불가능하다고 분명히 말하는 것도 매우 중요합니다.

퇴원 후 어느 정도 금주하면 회복되었다고 볼 수 있나요?

퇴원 후 외래치료와 AA모임 참석을 주기적으로 실천하여도 첫 1년 동안은 음주 충동이 강하게 발생하고, 또 오랜 기간 생활화된 음주습관에서 금주생활로 바뀐 데 따른 스트레스로 힘들어집니다. 이러한 어려움들이 만 1년이 지나면 상당 부분 해소됩니다. 따라서 첫 1년 동안은 금주를 위한 회복활동에 전념할 수 있도록 주위에서 도와주어야 합니다. 금주기간이 1년 이상 유지되면 어느 정도 회복되었다고 할 수 있으며, 그동안 미루어왔던 직업활동과 사회생활을 비교적 안심하고 할 수 있습니다.

퇴원하면 통원 외래치료를 받아야 하나요?

퇴원 후에 1년간의 금주 유지의 성공과 실패는 다음의 두 가지에 달려 있습니다.

첫 번째는 자신의 알코올중독증을 스스로 인정하고 금주를 음주 문제의 해결목표로 세우는가, 아니면 조절음주를 목표로 정하는가입니다.

두 번째로는 금주를 목표로 하였다면 금주를 위한 회복활동을 실천하는가, 아니면 자신의 의지만으로 금주를 하려고 하는가입니다. 입원상태에서는 환경이 병원생활로 완전히 바뀌게 되고, 금주를 위한 상담과 집단프로그램의 도움을 받으며, 정신적인 어려움을 완화시켜 주는 약물을 복용하기 때문에 음주 충동이나 술에 대한 생각이 많이 줄어들게 됩니다. 그러나 퇴원을 하여 집으로 돌아가 주변 환경이 이전과 똑같이 바뀌면 긴장감도 풀리고, 음주 충동을 유발하는 자극이 도처에서 발생하기 때문에 음주 충동이 강하게 발생합니다. 또한 이전에는 술을 마시면서 보냈던 시간들을 술 없이 보내는데 익숙하지 않아 심리적으로 힘들어집니다. 그래서 퇴원 후에 아무리 금주의지가 강하다 하더라도 외래치료, AA모임, 운동 등과 같은 회복활동을 하지 않으면 결국 재발하게 됩니다.

퇴원 후에도 약물치료를 받아야 하나요? 어떤 약을 먹나요?

다음과 같은 이유로 약물을 복용합니다.

1. 금주 후 첫 1년 동안은 음주 충동이 발생하는데, 특히 스트레스가 심하거나 화, 짜증과 같은 불쾌한 감정이 생기거나, 즐거움 같은 유쾌한 감정이 일어나면 음주 충동이 강하게 일어난다. 이러한 음주 충동이 강하게 발생하는 것을 예방하기 위해서 금주 후 첫 1년 동안은 음주 충동억제제를 복용한다.
2. 우울증이나 공황장애(심한 불안증), 화병이 있는 경우 항우울제를 복용한다.
3. 충동성이 강하거나 감정조절이 잘 되지 않는 급한 성격인 경우는 감정조절약을 복용한다.
4. 의처증이나 의부증 등의 의심이 많아서 힘든 경우는 사고장애를 치료하는 약물을 복용한다.
5. 기억력과 집중력이 떨어지는 인지기능장애가 있는 경우는 인지기능개선제를 복용한다.
6. 불면증이 있거나 불안, 긴장이 심한 경우는 항불안제를 복용한다.

이러한 증상들을 해결하지 않으면 정상적인 생활이 어려울 뿐만 아니라 다시 음주가 재발할 가능성이 아주 높아지므로 자신의 담당의사와 상담을 하여 필요한 약물을 복용해야 합니다.

퇴원 후에 다시 직장을 다니거나 일을 하는 것이 좋은가요?

알코올중독 환자는 음주 문제 때문에 장기간 직업 수행을 제대로 하지 못하는 경우가 많습니다. 그렇기 때문에 조금만 회복이 되면 가능한 한 빨리 일을 하려고 합니다. 그러나 일을 함으로써 생기는 스트레스와 과로, 직장에서의 음주 유혹 때문에 일을 시작한 지 얼마 되지 않아서 알코올중독이 재발하는 경우가 많습니다. 따라서 금주의 첫 1년간은 직장생활을 하지 않는 것이 원칙입니다. 다만 자신의 일이 회복활동과 병행할 수 있고, 일 자체에 따른 스트레스와 과로가 심하지 않으며 술에 대한 노출이 일어나지 않는다면 조심스럽게 일을 시작할 수 있습니다. 중요한 사실은 금주 후 첫 1년 동안은 금주 유지가 우선이지 일이 우선이 아니라는 점입니다.

중독자가 금주를 유지하면 술을 마시지 않아서 다른 문제가 생기지는 않나요?

중독자가 자발적으로 금주를 원하여 금주생활을 한다고 하더라도 십 년 이상의 익숙하고 고착된 음주생활습관 때문에 다음과 같이 여러 가지 어려움을 겪게 됩니다.

첫째, 감정적인 어려움과 스트레스를 술을 통하여 풀었기 때문에 금주생활을 하면 화, 짜증, 불안, 긴장과 같은 불쾌한 감정이 발생하면 이를 해결하지 못해 괴로워집니다.

둘째, 술을 통하여 쾌락과 즐거움을 즐겼는데, 금주생활을 하면 생활이 재미가 없고 무의미하게 느껴집니다.

셋째, 술의 유혹을 피하기 위하여 그동안 만났던 친구들을 만나지 않으면 대인관계가 일시적으로 좁아져 외로움을 느끼게 됩니다.

넷째, 술 마시고, 취하고, 술 깨는 시간이 생활의 상당부분을 차지했는데, 금주를 하면 시간이 너무 많이 남아 어떻게 할지 몰라 난처해합니다.

다섯째, 하고 싶은 이야기나 자신의 심정을 술 취한 상태에서 다른 사람에게 털어놓음으로써 후련함을 느꼈는데, 금주하면 다른 사람에게 말을 꺼내기 힘들어 합니다. 맨 정신에서는 자신의 감정이나 생각을 잘 토로하지 못합니다.

퇴원 후에 가족은 중독자를 어떻게 대해야 하는가, 중독자와 대화시 주의할 점 무엇인가요?

1. 중독 환자에게 관심이 많음을 표현한다. 즉 중독자의 금주를 위한 회복활동과 생각과 감정에 관심을 표현한다.
2. 금주를 지지함을 분명히 표현한다. 그러나 금주의 실천은 중독자 자신에게 달려 있지, 가족에게 달려 있지 않음을 분명히 말해둔다.
3. 금주를 위한 회복활동을 도와준다. 운동, 취미생활 등을 함께 하며 자신의 심정을 말하는 기회를 제공한다. 외래치료, 상담, AA모임에 함께 참석한다.
4. 금주를 유지하는 상황에서는 과거 음주 때의 문제 등을 끄집어내거나 중독자를 비난하지 않는다.
5. 금주 1년이 지나기 전까지는 가능한 한 다른 요구를 하지 않는다. 즉 일, 결혼, 친지들 모임에 참석하기 등을 강요하지 않는다.

chapter

03

중독자의 자녀

최은정 교수

중독자의 자녀

만일 누군가가 중독자의 가정에서 태어났다면 가족 내에서 겪게 되는 힘들고 어려운 감정들 때문에 자신이 실제로 느끼는 감정을 무의식적으로 부정하는 것부터 배우게 됩니다.

이러한 감정에 대한 부정은 알코올중독 문제와 같이 쉽사리 치유되기 어려운 문제를 가진 가정에서 자란 어린 아이가 취할 수 있는 절대적인 생존반응입니다.

COA, ACOA

중독자의 자녀를 COA, ACOA라고 부르는데 COA, ACOA는 무슨 뜻인가요?

COA는 영어로는 'Children of Alcoholics'의 줄임말로, 한국어로 직역을 하면 '알코올중독자 가정의 미성년자녀들'이라는 뜻입니다. 즉, 부모에게 알코올중독 문제가 있는 가정에서 성장하고 있는 20세 미만의 자녀들을 일컫는 말입니다.

그리고 ACOA(Adult Children of Alcoholics, 알코올중독자 가정의 성인이 된 자녀들)는 알코올중독 문제가 있는 부모 아래서 성장하여 성인이 된 자녀를 일컫는 개념입니다.

■ COA, ACOA의 의미 ■

- COA : Children of Alcoholics (알코올중독자 가정의 미성년, 어린 자녀들)
- ACOA : Adult Children of Alcoholics (알코올중독자 가정에서 성장하여 어른이 된 자녀들)

COA와 ACOA는 부모가 알코올중독자인 자녀들에게만 국한된 개념이었으나, 이제는 알코올중독을 포함한 물질중독(약물중독)과 행위중독(도박중독, 인터넷게임중독 등) 문제가 있는 가정이나 기타 다른 역기능 문제가 있는 부모 슬하에서 성장한 자녀들에게도 해당되는 개념으로 확대되었습니다. (부록-2 참조)

부모로부터의 영향

자녀가 어린 시절에 겪었던 부모의 술 문제는 자녀에게 영향이 있을까요?

술 문제를 가지고 있는 부모들 스스로는 잘 기억하지 못하지만 자녀들은 정확하게 기억하는 경우가 많습니다. 특히 초등학교 때 또는 더 어린 연령인 유치원이나 어린이집을 다녔던 시기에 부모가 술에 취해 집에 들어와서 신발을 벗지 않고 거실에 널브러져 있다던가, 구토나 소변 실수 또는 소리를 지르는 것과 같은 행동을 했었던 것에 대해서 자녀들은 굉장히 생생하게 기억하는 경우가 많습니다.

아이들은 부모에게 본격적인 알코올중독이 시작되기 전부터, 혹은 술 문제가 아주 초창기일 때라도 어떤 식으로든 영향을 받게 되고, 어른이 생각하는 것보다 훨씬 더 많이 의식적으로나 무의식적으로 기억하고 상처를 간직하게 됩니다.

술 문제가 있는 가정과 술 문제가 없는 가정에서 어떠한 차이점 때문에 문제가 발생하나요?

가장 큰 차이점은 가정 내에서의 아버지와 어머니 역할의 부재입니다. 예를 들어 여름에 온 가족이 휴가 가게 되더라도 아버지의 술 문제 때문에 가지 못한다거나 가족과 함께 가더라도 숙취에 시달리는 아버지는 하루 종일 숙소에 누워만 있을 뿐 다른 가정의 아버지처럼 물놀이를 함께 하거나 물고기를 같이 잡으면서 놀아주지 못합니다. 이럴 때 대게 COA들은 간밤에 아버지가 술을 너무 많이 마셔서 그렇다는 것을 이미 다 알고 있습니다. 이런 상황을 지켜보고 있는 엄마는 슬픔과 분노로 가득 차게 되고 그 감정은 그대로 아이들에게 전달되기도 합니다. 그런 상황에서 아이들은 어떻게 해야 할지를 몰라 눈치를 보게 됩니다. 비록 자녀가 아직 어려서 가족이라는 울타리로 묶여 있지만 진실한 감정을 공유하거나 서로에게 위로가 되지 못한다는 것을 매순간 경험하게 됩니다. 이런 아이들은 성인이 되어 대학교에 입학하고 직장생활을 할 때에도 어렸을 때부터 건강하게 감정을 공유하고 위로하고 위로받는 경험을 하지 못했기 때문에 미래의 친구, 애인, 배우자와도 가슴속 깊이 흐르는 감정의 교류가 정상적으로 이루어지기 않습니다. 그리고 자신이 왜 감정을 공유하기가 어려운지 본인 스스로도 그 이유를 모르는 경우가 많습니다.

알코올중독자의 자녀와 가족들에게 나타나는 건강하지 않은 가족규범들은 무엇입니까?

첫 번째는 가정 내에서 일어난 일들을 절대 "**집 밖에서 말하지 마라.**"라는 것입니다. 이것은 어디에도 써 있지 않고, 가족 구성원 누구도 강요하지는 않지만 그 가족들은 누구나 알고 있는 암묵적인 규칙입니다.

부모의 음주가 문제로 등장하는 초창기에 가족 구성원은 보통 그 행위에 대해 합리화하려는 태도를 보입니다. 그리고 시간이 조금 더 지나서 술 문제가 더 본격화되면 술 마시는 행동 그 자체만을 문제시할 뿐 근본적으로 알코올중독이 문제라고 생각하지 않습니다. 또, 술 문제에 대해 전혀 말하지 않거나 그 사건을 무시해 버리면 괜찮을 거라고 생각하는 경향도 있습니다.

알코올중독자 가정의 자녀들은 자기 부모의 문제를 남에게 이야기하는 것에 대해 죄책감을 느낍니다. 아동들은 가족의 상황이 너무 복잡하고 혼란스럽다고 생각하기 때문에 그 문제들을 이야기하고자 하는 시도조차도 어려워합니다. 즉, 남에게 어떻게 무슨 말부터 시작해야 할지 모르는 것입니다. 아동들은 결국 자신이 놓여 있는 상황에 매우 충실하게 되고 그런 비정상적인 상황들을 견디는 것이 그렇게 힘이 드는 것만은 아니라고 합리화하게 되며 현재 일어나는 일들을 부정하면서 변함없이 부모님을 옹호하기도 합니다.

두 번째로 "**믿지 마라.**"입니다. 알코올중독 가정에서 성장한 자녀들은 끊임없이 혼란스러운 메시지를 받게 됩니다. 매우 어려운 현실로부터 자녀를 보호한다는 미명 아래 부모들은 종종 자녀들에게 의도적으로 거짓말을 하곤 합니다. 부모가 실제로는 기분이 좋지 않아도 자녀들에게는 지금 '행복하다', '괜찮다'고 말합니다. 또 '별 일 아니다', '아무 일도 일어나지 않았다'라고 상황을 부정하는 말을 자녀에게(혹은 손자녀에게) 말하곤 합니다. 그 자녀는 부모가 하는 말과 보여 주는 행동이 일치되지 않거나 조화를 보이지 않기 때문에 혼란에 빠지게 됩니다. 이런 반복되는 혼란스러운 상황들로 인해 자녀들은 실제로 일어나고 있는 일이 무엇인지에 대해 그저 어렴풋이 추측하는 버릇을 갖게 됩니다.

이런 환경하에서 성장한 알코올중독 가정의 자녀들은 그들 주위의 환경을 안전하다고 느끼거나 타인에 대한 믿음을 갖지 못하기 때문에 여러 가지 대인관계상의 문제에 부딪히게 됩니다.

마지막으로 "**느끼지 마라.**"입니다. 앞서 언급한 '말하지 마라', '믿지 마라' 등의 법칙들은 자녀들이 타인과 자신의 감정을 나누는 것을 위험하다고 믿게끔 합니다. 그래서 알코올중독 가정의 자녀들은 자신이 느끼는 감정이 가족이나 친척, 친구들로부터 받아들여지지 않는 무가치한 것이라고 믿게 되기 때문에 감정

자체를 억누르고 부인하게 되고, 더 나아가서 타인과의 진솔한 감정의 교류를 하기가 어렵습니다.

요약하면, 알코올중독자 자녀들은 혼란스러운 가족 환경에서 받는 스트레스에 적응하기 위하여 부모의 알코올중독 문제, 자신의 죄책감, 수치심, 외로움 등에 대해서 '말하지 마라', 부모의 일관성 없는 태도와 깨어진 약속의 경험으로 아무도 믿지 못하는 '믿지 마라', 어렵고 힘든 감정들을 느끼고 인식하고 다루는 것보다 차라리 잊으려고 하는 '느끼지 마라'의 역기능적인 적응 방법을 자신도 모르게 터득하게 될 확률이 높습니다.

중독 가정의 어린 자녀들(COA)이 삶에 적응하는 유형이 있다면 어떤 유형인지 궁금합니다.

클라우디아 블랙(Claudia Black)은 알코올중독 가정의 자녀들에 대해서 많은 연구를 한 사람으로, ≪It will never happen to me (상속을 거부하는 아이들)≫라는 유명한 책을 저술하였습니다. 이 책에서 블랙은 알코올중독 가정의 어린 자녀들이 나타내는 모습 중에서 겉으로 보기에는 아주 멀쩡해 보이는 세 가지 유형이 있고, 나머지 한 가지 유형은 문제가 드러나 보이는 스타일이라고 했습니다. 멀쩡해 보이는 세 가지 유형은 책임감당자(The responsible one), 적응자(The adjuster), 위로자(The placater) 유형이고, 문제가 겉으로 드러나는 유형은 과잉행동자 유형(희생양,

■ **중독자 자녀(COA)의 유형** ■

- 책임감당자 유형(The responsible one)
- 적응자 유형(The adjuster)
- 위로자 유형(The placater)
- 과잉행동자 유형(희생자 유형, Acting out child)

Acting out child)입니다.

첫 번째는 모든 일에 자신이 책임을 지려고 하는 **책임감당자 유형**입니다. 이 유형의 가장 큰 특징은 가정 내에 구조가 없어서 생기게 된 유형이라는 점입니다. 알코올중독자가 부모인 가정에서는 어쩔 수 없이 모든 상황이 구조나 순서 없이 즉흥적으로 돌아갑니다. 예를 들어 추석이 다가오면 연휴가 시작되기 전에 대부분의 가정에서는 장을 보고 음식을 준비하는 등의 상황이 나타나지만, 아버지에게 술 문제가 있는 경우에는 이런 순서가 엉망이 되고 맙니다. 온 가족이 모여서 차례를 지낼 때에도 부모님 없이 자녀들만 큰아버지 댁이나 할아버지 댁으로 보내면서 "네가 알아서 잘 말씀드려라."라고 하면서 아이들에게 차례를 지내러 오지 않는 알코올중독자인 아버지나 어머니의 상황을 설명해야 하는 책임을 떠넘기는 경우도 있습니다. 이런 경우 아이들은 어떻게든 정상적인 가족 구조가 작동하고 있는 것처럼 보이려고 거짓말을 하면서 책임을 지려고 합니다. 이것은 자신의 생활을 안정되고 예측 가능한 울타리 내에서 생활하고 싶다는 욕구에서 생겨난 행동입니다.

두 번째는 **적응자 유형**입니다. 책임감당자에 비해 이들은 학업에서 성취하는 부분이 적고 어떠한 일을 나서서 해결하는 것은 능숙하지 못하지만 환경에 녹아들어 조용히 지내는 것은 매우 잘합니다. 이들은 그동안 살아오면서 느낀 대로 자신이 무엇을 한다고 해서 부모의 알코올중독이 해결될 문제가 아니고, 그 문제 해결에 과도한 노력을 하고 싶어하지도 않습니다. 이 유형은 겉으로 보기엔 전혀 문제가 없어 보이기도 합니다.

세 번째는 **위로자 유형**입니다. 말 그대로 이런 어린 자녀들은 부모나 가족을 위로하려고 합니다. 과도한 애교를 부린다거나 주변을 즐겁게 해주기 위해 늘 노력하면서 나라는 존재보다는 주위 사람의 기분에 맞추고 그들에게 일종의 예스맨이 되길 자처합니다. 얼핏 볼 때 이들은 조직에서의 적응력도 뛰어나고 유머감각도 있고 화합력도 뛰어나 보이지만 어릴 적부터 남을 위로하고 기분을 편안하게 해주는 역할을 계속해 오다 보니 정작 본인은 위로받지 못할 때가 많습니다.

다음은 마지막으로 네 번째 **과잉행동자 유형** 혹은 **희생자 유형**입니다. 중독 문제가 있는 가정의 자녀들은 아버지가 또는 어머니가 오늘은 집에 잘 들어오실 것인가, 무사히 잘 주무실 것인가, 과도하게 주사를 부려서 아파트 경비아저씨가 뛰어 올라오진 않을까 등 오로지 술 문제가 있는 부모에게만 관심을 집중하기 마련입니다. 각종 경조사 자리에서도 마찬가지입니다. 많은 친척들이 참석하는 결혼식에서도 아이들은 아버지만 계속해서 주시하게 됩니다. 술을 마시지 않기로 하고 참석한 자리에서 혹시나 아버지 술 문제로 엄마와 다투게 될까봐 걱정을 합니다. 아버지와 어머니가 그런 자리에서 다투면 어머니가 혼자 집에 가버릴까 봐 불안해하기도 합니다. 과잉행동자 유형은 오히려 자신들이 문제를 일으켜 술 문제가 아닌 자신에게 부모가 집중하도록 유도합니다. 과잉행동을 하는 아이들은 보통 초등학교 5~6학년 때 문제가 생기기 시작하며 학교생활에 잘 적응하지 못하고 학교체제에서 이탈하거나 십대 중반에 임신을 하기도 하며 어린 나이에 흡연을 시작하고 각종 약물을 남용하고 사회적으로 허용되지 않는 행동을 일삼게 됩니다. 그러면서 자기 꿈을 펼쳐 보기도 전에 삶이 어려워지는 상황에 처하게 됩니다.

이러한 여러 가지 영향들은 의도적으로 특별한 노력을 기울이지 않는 한 상태가 좋아지기 힘들며 성인기의 삶에도 큰 영향을 미치게 됩니다.

얌전하게 술만 마신다고 주장하는 알코올중독자의 자녀는 과연 괜찮을까요?

만일 어떤 알코올중독자가 주사도 없고 폭력적인 성향도 없으며 외도도 하지 않고 성격적인 문제도 심각하지 않으며 오로지 얌전하게 술만 마신다고 한다면 자녀가 심각한 영향을 받지 않으리라고 예측할 수 있을까요?

알코올중독자 본인은 얌전히 술만 마셨다고 하지만 가족들의 이야기를 들어보면 그렇지 않은 경우가 훨씬 많습니다. 만취상태에서 본인이 내려야 할 버스정거장에서 하차하지 못하거나, 아무데서나 잠이 들어서 소매치기를 당하거나, 집을 찾지 못해 다른 집에 가서 문을 열어달라고 소란을 피우고 심지어 아파트의 엘리베이터가 화장실인줄 알고 소변을 보는 일도 종종 일어난다고 합니다. 이런 일들이 얌전하게 술만 마셨다고 주장하는 알코올중독자들이 취중에 행한 일들입니다. 이처럼 자신은 얌전하게 술만 마셨다고 주장하는 알코올중독자들이 남에게 매우 심각한 직접적인 피해는 주지 않았다고 하더라도 귀가시간이 늦어지거나 전화 연락이 되지 않아 가족들을 노심초사하게 만든다거나, 전화벨만 울려도 가슴이 철렁거리게 만드는 등 가족들을 불안과 두려움에 노출시키는 일은 이미 비일비재하게 일어나곤 했던 것입니다.

본인은 "숙취상태에서 머리가 깨지게 아프고 헛구역질로 괴로운 것은 정작 나였지, 아들에게는 손찌검 한 번 해본 적 없다."고 말하곤 합니다. 하지만 자녀들에게 물어보면 그러한 상황에서 아버지가 죽을까봐 걱정하면서 힘들어했다고 합니다. 어린 아이의 입장에서는 자기 집에서 벌어지고 있는 일들이 이해하기 힘들고 혼란스럽기 마련이며, 나중에는 다른 집과 너무 다른 환경에 화가 나게 됩니다. 그리고 어떠한 식으로든지 노력을 하지만 이 노력이 거의 매번 수포로 돌아가기 때문에 결국은 만성적인 무력감을 느끼곤 합니다.

술만 조용히 마시는 알코올중독자들의 이러한 행동과 모습에 노출된 자녀들이 아무런 영향을 받지 않았다는 것은 100% 거짓입니다. 자녀들은 분명히 어떠한 식으로든지 영향을 받았으며 오히려 폭력적이고 사고뭉치인 알코올중독자를 부모로 둔 자녀들보다 어떤 측면에서는 더 큰 어려움을 겪기도 합니다. 왜냐하면, 자기 부모가 술로 인한 여러 가지 문제를 동시에 일으키는 떠들썩한 알코올중독자라면 드러내놓고 싫어하거나 미워할 수 있지만, 남들이 보기에 술만 즐겨 마시는 것처럼 보이는 부모는 그렇게 대놓고 싫어하거나 미워할 수 없기 때문입니다. 나와 가족을 위해 힘들게 사시는 부모님을 이해하지 못하고 미워하고 싫어한다는 것은 자녀로서는 있을 수 없는 태도이기 때문입니다.

중독 가정에서 자라온 성인(ACOA)이 겪는 어려움

중독 가정에서 자라온 성인(ACOA)이 겪는 어려움에는 어떤 것들이 있나요?

중독 가정에서 자라온 성인이 겪는 가장 큰 어려움은 원만하지 못한 인간관계와 우울감입니다. 아주 어렸을 때부터 내면 깊은 속에 우울감이 자리 잡고 있으며, 자신도 느끼지 못하는 사이에 만성적이 되어 있기 때문입니다.

그 다음으로는 중독 문제를 가진 사람과 사랑에 빠지거나 결혼할 확률이 매우 높습니다. 어렸을 때부터 가장 오랫동안 보아온 성인 남성이 아버지이고, 성인 여성이 어머니이기 때문에 그 분들의 모습이 가장 익숙하게 느껴집니다. 성인이 된 자녀들은

■ ACOA의 특성 ■

- 불안정한 인간관계
- 우울감
- 중독자와 결혼
- 각종 중독 문제를 갖게 됨

자신도 모르게 자신의 부모와 닮은 사람을 선택하게 되는 것입니다. 술 문제가 있고 자신의 일을 잘 처리하지 못하고 누군가의 도움을 항상 필요로 하는 모습에 익숙하기 때문에 자신을 건강하게 관리하고 독립적이고 자율적인 상대방이 있다면 오히려 낯설게 느껴지기 마련입니다.

마지막으로는 자신이 중독 문제를 가질 확률이 높습니다. 어릴 적부터 술을 혐오스럽게 생각하고 자라왔지만 막상 술을 마셔 보니까 괜찮기만 한데 아버지는 왜 그랬는지 이해하지 못하고 의문을 갖게 됩니다. '이 좋은 술을 좀 적당히 마시면 됐을 텐데, 아버지는 도대체 왜 그랬을까'라고 말입니다. 그러면서 자신은 결단코 아버지와는 다르게 술을 통제하면서 마실 것이라고 다짐하고 또 다짐하지만, 어느새 자신도 모르는 사이에 중독의 문턱을 넘어서서 오히려 아버지보다 더 심각한 중독자가 되는 경우도 많습니다. 아버지처럼 되지 않으려고 몇 백 번, 몇 천 번을 다짐했는데 아버지와 유사하거나 아버지보다 더 심한 중독자가 되어 있는 자신을 깨닫는 순간 모든 것이 무너져 내리는 절망감을 느끼게 됩니다.

중독자 가정에서 자란 자녀(ACOA)들이라고 해서 다 똑같이 행동하지는 않습니다. 그 중에서 잘 자라나는 자녀들은 과연 어떤 차이점이 있나요?

'자신이 처한 환경적 역경으로부터 다시 일어나 강해지고 비록 부족한 자원일지라도 더 풍부하게 활용할 수 있는 능력'이라는 개념에 '회복탄력성'이라는 것이 있습니다. 알코올중독자의 성인 자녀가 모두 병리적 문제와 부적응적 행동을 보이는 것이 아니고 개인이 가진 회복탄력성의 차이에 따라 다른 적응수준을 나타내고 있습니다.

오히려 중독자의 자녀가 일반가정의 자녀보다 높은 수준의 회복탄력성을 보인다는 연구 결과도 있습니다. 이 회복탄력성은 보호요소에 의해 강화되기도 하고 위험요소에 의해 방해를 받기도 합니다. 또, 회복탄력성은 위기와 역경을 인내하고 성장해가는 역동적인 힘이고, 환경의 위험성에도 불구하고 영향을 받지 않거나, 이미 받은 영향을 긍정화, 자원화할 수 있는 능력입니다.

회복탄력성에 기반한 긍정적 시각은 역경으로부터 견디고 회복하는 데 필요한 강점을 구성합니다. 회복탄력성이 있는 사람들은 위기나 실패를 도전의 기회로 보기 때문에 적극적으로 위기에 접근합니다.

알코올중독자의 성인 자녀가 자신의 부모와는 다르게 긍정적이고 자존적이며 이타적이고, 자유로운 삶을 살아내고 있다면,

그 사람은 어쩌다가 운이 좋아서 그렇게 된 것이 아니고, 위에서 설명한 대로 자기도 모르는 사이에 여러 요소가 가미된 회복탄력성이 작용한 것입니다. 보통 사람들은 겪어보지 못한 굉장히 힘든 상황을 줄곧 견뎌왔기 때문에 그만큼 더 강인한 힘과 지혜를 갖게 된 것입니다.

회복탄력성을 나타내는 성인 자녀의 특징 중 가장 중요한 것은 자신의 문제를 돌아보고 인식하고 신뢰할 수 있는 사람들과 공유해서, 거기에서 나오는 정신적, 심리적, 영적, 사회적 힘을 활용하여 환경을 극복해 나가는 것입니다.

중독자인 부모가 만약 단주 중이라면 자녀들을 대할 때 어떤 태도를 가져야 할까요?

우선 술 문제가 있는 부모 자신은 비록 술을 끊고 있더라도 서두르지 않아야 합니다. 술 문제가 나타나기 전의 화목한 가정의 모습으로 돌아가고 싶다는 마음에서 배우자나 자녀들에게 자기식대로 빨리빨리 접근하는 경우가 많습니다. '내가 이렇게 단주를 하고 있고 변화하고 있으니까 나를 좀 더 알아주고, 나에 대한 냉정하고 무덤덤한 태도를 빨리 바꾸어 주었으면' 하는 것입니다. 임상에서 알코올중독자의 성인 자녀들의 이야기를 들어보면 이들은 기가 막힌다고 이야기합니다. "언제부터 부모 역할을 했다고 잔소리를 하는지 모르겠다"거나 "언제 다시 술을 마실지 어떻게 알아요?"라고 하면서 오히려 그런 중독자의 태도 때문에 반감을 갖게 된다고 합니다. 또한 알코올중독자들은 단주를 시작하면서 곧바로 자녀들에게 보수적인 기준을 적용하려 합니다. 예를 들어 대학생 자녀에게 저녁 9시, 10시까지 들어오라고 통금시간을 정하고 중·고등학생 자녀에게 스마트폰이 왜 필요하냐고 잔소리를 늘어놓습니다. 자녀 입장에서는 아버지가 술을 마시지 않는 것은 좋지만 갑자기 자신들을 통제하려고 하는 부분에서는 불만이 쌓일 수밖에 없습니다.

두 번째, 자녀들을 독립적인 인격체로 대해야 합니다. 이제 막 단주를 시작했다면 서두르지 말고 장기적인 부모-자녀관계의 회복을 목표로 세워야 합니다. 그리고 아주 조금씩 다가가고, 자녀가 서서히 변화하는 것이 당연하다고 기꺼이 받아들여야 합니다. 그것이 진짜 부모로서의 회복입니다.

중독 가정의 미성년 자녀(COA)나 성인이 된 자녀(ACOA)들이 외부로부터 도움을 받고 싶어 하는 경우에 어떻게 하면 될까요?

중독자와 그들의 가족을 대상으로 하는 상담 및 교육, 기타 프로그램을 운영하는 전국 50개의 중독관리통합지원센터와 알코올 전문병원에 요청하면 언제든지 전문적인 도움을 받을 수 있습니다. 그리고 중독자 가족들의 자발적인 참여로 이루어진 알라넌이라는 자조모임과 성인 자녀들의 자조모임인 알라틴이 있습니다. (부록-3 참조)

■ 중독 가족들의 모임 ■

- AL-Anon : 익명의 알코올중독자들의 가족 모임
- Alateen : 익명의 알코올중독자들의 자녀 모임
- Gam-Anon : 익명의 도박중독자들의 가족 모임

중독자 가족이 주의해야 할 것들

중독 가정의 미성년 자녀(COA)를 키우는 양육자(알코올중독이 아닌 부모, 친조부모나 외조부모 등)가 주의해야 할 점은 무엇인가요?

첫째, 가족 내에 알코올중독 문제가 있다는 것을 숨기지 말고, 정직하게 대화하도록 해야 합니다.

둘째, 가족 내에 있는 알코올중독자로 인하여 얼마나 힘들고, 어려운지, 자녀의 입장에서 무슨 생각과 감정이 느껴지는지 솔직하게 대화할 수 있도록 해야 합니다. 각 아동의 연령대에 맞도록 자유롭게 생각하고 표현하도록 해야 합니다. 슬프면 울어도 되고, 속이 상하면 말을 하지 않거나 밥을 먹지 않아도 된다고 허용해 주어야 합니다. 그러나 학교에 가지 않아도 된다거나 컴퓨터를 맘껏 하도록 허용하는 것은 곤란합니다. 아동이 해야 할 최소한의 의무는 책임지도록 훈육하는 것이 중요합니다.

셋째, 알코올중독이라는 병에 대해서 정확한 정보를 공유하여 기대감이나 전지전능감에 빠지지 않도록 해야 합니다. 특히, 중독자인 부모 때문에 공부를 잘해야 한다거나, 예를 들어 "내가 1등을 하면 아빠가 술을 끊을 거야"라는 식으로 어떤 성취를 해야 한다는 강박적인 생각을 갖지 않도록 해야 합니다.

넷째, 알코올중독은 질병이기 때문에 전문적인 치료를 받아야 한다는 사실을 분명히 공유해야 합니다. 이 사실을 아동의 연령대에 맞게 이해할 수 있도록 설명하는 것이 매우 중요하고, 아동이 어리다고 해서 설명을 생략하는 일이 없도록 주의해야 합니다.

다섯째, 아동에게 어른이 감당해야 할 책임을 떠넘기지 말아야 합니다. 그 책임이 크든지 작든지 간에 어른이 할 일을 아동에게 책임지우는 것은 아동의 마음이 병들게 하는 지름길입니다. 예를 들어, 어른도 하기 힘든 말이나 행동을 아동에게 대신 하도록 시킨다든지, 네가 아빠를 설득해 보라고 하는 권유 등을 하지 말아야 합니다.

여섯째, 알코올중독자 때문에 생기는 경제적인 어려움이나 여타의 다른 어려움들을 직계가족 이외의 친인척들에게 공개하고 적극적으로 도움을 청해야 합니다. 특히 본가(시가) 및 외가(친정)에도 모두 공개하여 도움을 청하는 것이 좋습니다. 그렇게 하는 과정에서 아동이 상처받지 않도록 보호해 주어야 합니다. 예를 들어서 '너는 네 애비처럼 그렇게 크면 안 된다'는 식의 말을 아동이 듣도록 해서는 안 됩니다.

일곱째, COA가 다른 중독적인 것, 특히 인터넷게임 등에 빠지지 않도록 주의해야 합니다.

여덟째, 아동의 아주 작은 필요나 욕구에도 다른 가족들이 따뜻하고 민감하게 반응해 주실 것을 권유합니다. 그러나 아동을 대할 때에 불쌍하고 애처롭다고 해서 지나친 호들갑을 떨거나, 지나치게 봐주거나, 그냥 넘어가주기는 절대 금물입니다.

COA가 해야 할 것과 하지 말아야 할 것

다음은 대표적인 자조그룹인 알라틴에서는 COA들 스스로가 '해야 할 것'과 '하지 말아야 할 것'의 목록을 제시한 것입니다. 그러므로 현재 COA를 양육하는 사람은 아래에 열거된 목록을 반드시 염두에 두어야 합니다.

■ COA인 아동이 해야 할 것 ■

- 나 이외에도 중독자를 부모로 둔 아이들이 있다는 것을 기억하자.
- 알라틴, 알라넌, A.A. 그밖에 알코올중독에 관한 모임이나 전문적 기관의 도움을 받도록 하자.
- 알코올중독이라는 가족병에 대하여 가능한 많은 것을 배우도록 하자.
- 나 자신에 대해서 또 다른 사람에 대하여 가급적이면 솔직해지도록 하자.
- 나의 재능을 내가 관심을 갖고 있는 곳에 쓰도록 하자.
- 알코올중독에 대하여 이성적인 자세를 갖도록 하자.
- 알코올중독자뿐만 아니라, 다른 가족들도 감정적으로 이 병에 의해 영향을 받았음을 기억하자.
- 가족이나 친지 이외에 내가 마음을 열 수 있는 사람을 찾도록 하자.
- 나 자신과 다른 사람을 용서하는 법을 배우자.
- 위대하신 힘* 에 대한 신뢰를 갖도록 하자.
- 다른 이에게 잘못한 것들을 정리하고 인정하도록 하자.
- 알라틴에 대한 지식을 다른 사람에게도 전하도록 하자.

---

* '위대하신 힘(higher power)'이란 A.A.를 비롯한 자조모임(self help group)에서 영적 회복의 12단계에 등장하는 개념으로써 종교적인 의미의 '신'적 개념보다는 더 넓은 의미를 지닌다. A.A.가 탄생한 미국의 자조그룹 멤버들은 대개 자신이 믿고 있는 기독교나 천주교의 '하나님'을 위대하신 힘으로 받아들이지만, 우리나라의 자조그룹 멤버들은 부처님을 자신의 위대하신 힘으로 받아들이기도 하고 A.A. 모임이나 AL-Anon, ALateen 자체를 위대하신 힘으로 받아들이기도 하며, 심지어는 돌아가신 할아버지나 할머니와 같은 자신의 조상을 위대하신 힘으로 받아들이기도 한다.

■ COA인 아동이 하지 말아야 할 것 ■

- 알코올중독자를 감싸려 들지 말고, 자기 자신에 대한 책임만 지도록 하자.
- 알코올중독자가 술을 마시지 못하도록 막으려 하지 말자. 이것은 불가능하다.
- 알코올중독자와 싸우려 들지 말자.
- 술을 감추거나 버리려고 애쓰지 말자. 술은 어디서나 구할 수 있다.
- 중독자가 나 때문에 술을 마신다고 해도 믿지 말자. 중독자가 말하는 술 마시는 이유는 술을 마시기 위한 변명일 뿐이다.
- 이런 가족 환경을 벗어나기 위해서 술이나 약물 등 다른 행위중독에 빠지지 말자.
- 알코올중독자를 비난하거나 질책하지 말자. 그것은 질병이다.
- 부모의 문제를 내 인생에서 가장 중요한 것이라고 생각하지 말자.
- 나 자신 이외에 다른 사람을 바꾸려 하지 말자. 내가 변화시킬 수 있는 사람은 오직 나뿐이다.
- 자기연민에 빠지지 말자. 그것은 나를 망가뜨릴 것이다.
- 알코올중독자의 문제에 대해서 과잉반응하지 말자.

중독자 가정의 성인이 된 자녀(ACOA)의 경우 주의해야 될 점이 있다면 어떤 것이 있는지요?

많은 사람들은 알코올중독자인 부모 밑에서 또 알코올중독자인 자녀가 나오고, 도박중독자인 부모 밑에서 또 도박을 하는 자녀가 나오는 것을 이해하지 못합니다. 그런 문제 가정에서 성장했다면 중독만큼은 죽을힘을 다해 피해야 하는 것이 아닌가라고 일반적으로 생각하지만 실제 상황은 다릅니다. ACOA는 문제해결의 방법으로 늘 술을 선택했던 부모를 보면서 자라왔고 문제 해결에 가장 효과적인 방법이라고 자기도 모르게 인식하기 때문에 매우 어려운 상황이 발생하면 음주를 선택하게 될 확률이 매우 높습니다. 그것은 도박이나 약물중독의 경우도 마찬가지입니다.

그러므로 ACOA는 건전한 음주, 건전한 놀이문화, 건전한 쇼핑, 건전한 인터넷게임 즐기기, 건강한 애정관계나 인간관계를 유지하기, 일에 집착하지 않고 건전한 수준을 지켜서 직장 생활하기, 몸을 망가뜨리지 않는 정도의 운동이나 여가생활 즐기기 등을 항상 유념해서 지켜야 합니다. 이런 것들은 지키기 쉬운 것처럼 보이지만, 절대 쉽지 않은 목표입니다.

부모의 중독 문제는 자녀들에게 평생의 업보가 되거나 삶의 원동력이 되기도 하며, 버팀목이기도 하지만 족쇄가 되기도 합니다. 그리고 꿈과 목표를 제시해 주기도 하지만, 자기를 가두는 보이지 않는 틀이 되기도 합니다.

중독 가정의 성인 자녀(ACOA)들이 심리적 · 정신적으로 건강하게 회복하고 싶다면 구체적으로 어떤 방법이 필요할까요?

ACOA의 회복에서 가장 중요한 것은 '드러내기'와 '인정하기'입니다. 자신을 드러내고 인정한다는 것은 고통스럽고 힘든 과정이지만 건강하게 성장할 수 있는 가장 대표적인 방법입니다.

그렇다면 드러내기와 인정하기의 과정에서 어떤 단계들을 밟아 나가야 하는지 설명해 보도록 하겠습니다.

첫 번째, 아주 건강했던 시절로 되돌아가서 자신을 마치 다른 사람인 것처럼 그저 바라보는 것입니다. 이것은 쉽게 할 수 있는 것이 아니라서, 이런 과정을 다루는 전문적 워크북을 가지고 작업을 해나가다 보면 손쉽게 할 수 있습니다. 그리고 자신의 삶에서 한 발자국 뒤로 물러나 스스로의 삶이 어떤 모습으로 보이며 어떻게 느껴지는지 객관적으로 볼 필요가 있습니다. 거기서 느껴지는 감정이 어떠하든지 간에 자기 스스로의 감정이기 때문에 소중히 바라보아야 합니다.

두 번째, 신뢰할만한 다른 사람에게 자신에 대해서 말하기를 시작하는 것입니다. 배우자나 친한 친구로부터 당신의 삶에 대한 피드백을 받아서 그들이 보는 시각과 당신의 시각이 얼마나 일치하는지 혹은 얼마나, 어떻게 일치하지 않는지를 살펴보는 방법이 있습니다. 당신의 인생을 바라보는 여러 시각들의 결과가 같을 필요는 없겠지만, ACOA에게 가장 고통스러운 라이프 스타일 중의 하나가 감정적인 고립이기 때문에 이러한 시각 차이・관점의 차이를 인식하는 것부터가 중요합니다.

세 번째, 정보를 얻는 것입니다. 처음에는 알코올중독이나 ACOA를 다루는 책이나 인터넷상의 정보를 통해서 객관적인 지식을 얻을 수 있을 것입니다. 그러고 나서 좀 더 용기가 생긴다면 지역의 ACOA 모임이나 동반중독자 모임, 중독에 관한 세미나나 교육 등에 참여하면서 보다 직접적이고 희망적인 회복 사례를 들어보는 것이 도움이 될 것입니다. 물론 이 과정이 오히려 슬픔과 아픔을 동반하고, 그동안 일부러 노력해서 잊고 살아왔던 기억들을 되살려내기도 하겠지만, 이렇게 하는 것이 자신을 노출시키기 전에 안전하게 탐색해볼 수 있는 방법입니다. 대중잡지나 치료센터에서 제공하는 게임이나 인터넷중독, 약물의존, 섭식장애, 성중독, 우울증 체크리스트(스크리닝 도구나 진단설문지)를 찾아보고 자기 스스로 체크해 볼 수도 있을 것입니다.

네 번째, 자신의 현재 생활양식 혹은 생활하는 방법과 과거에 대해서 결정을 내리는 것입니다. 이 결정은 한 번에 성공할 수 있는 것이 아니라, 역기능적인 성장과정을 거친 자기 자신에 대한 인정(받아들임)과 부정을 반복하는 과정이 될 것입니다. 예를 들면, "나는 ACOA니까, 내 감정을 직면하고 솔직해지겠어, 다른 사람들을 필요 이상으로 감싸거나, 오지랖을 넓히지 않겠어."라고 다짐하고 결정을 하지만, 어느새 자신의 감정에 솔직하지 못하며 슬쩍 넘어가고 현실의 자기를 똑바로 보려고 하지 않고, 인정받고 싶어서 오지랖을 발휘하고 있는 자신을 보게 됩니다. ACOA에 대한 자조모임에 참여하는 것이 제일 좋은 방법이고, 혹시 그런 모임에 참여할 수 없다면 자신이 ACOA라는 것을 매일 스스로 인정하는 것이 회복의 중요한 키(key)가 됩니다.

이러한 ACOA 회복의 초기 단계를 요약하면 다음과 같습니다.

드러내기와 인정하기는 그 자체가 하나의 과정입니다. 회복의 초기 단계에 돌입하는 사람은 대개 자신의 방어벽이 무너지고 너무 고통스럽지만, 삶의 밝히기 힘든 부분을 인정하게 됩니다. 예를 들어, "그래요, 나는 ACOA입니다. 우리 아버지는 알코올중독자였습니다. 돌아가실 때까지 무던히도 술을 드셨지요. 자신의 몸이 망가지는 것은 전혀 개의치 않으셨어요. 그걸 보고 있는 우리들은 슬프고 답답하고 너무나 속이 상했지만, 남들 앞에서는 그런 내색을 할 수 없었어요. 그냥 보통 평범한 가정인 척하는 것이 습관이 되어 버렸던 거죠." 이렇게 내면으로부터 진정한 무엇인가가 터져 나오는 사람들은 대부분 긍정적인 태도로 ACOA를 위한 12단계 회복 프로그램에 참여하거나, 심리치료를 받기 시작하거나 심지어는 정신과에 입원치료를 받기도 합니다. 정신과에 입원하는 성인 자녀들은 대개 우울증이나 불안장애, 공황장애, 섭식장애, 양극성장애, 분노조절장애 등을 동반해서 가지고 있는 경우가 많습니다. 더 나아가서는 성인 자녀 스스로가 알코올중독, 도박이나 인터넷게임중독, 약물중독인 경우도 있습니다. 성인 자녀의 회복은 반드시 서서히 진행되어야 합니다. ACOA의 과거와 가족체계가 원래의 모습으로 돌아오라고 끌어당기는 힘은 매우 강하기 때문에 자조모임이나 치료그룹에 참여하고 있더라도 원점으로 돌아가려는 경향이 나타납니다. 만일 AOCA인 사람이 물질중독이나 행위중독 또는 만성적인 우울증에 걸려 있다면, 과거처럼 느끼고 생각하고 말하는 방식으로 돌아가려는 엄청난 내적·외적 압력이 ACOA에게 작용할 것입니다. 그렇다고 하더라도 ACOA가 자신의 문제로부터, 과거로부터 회복되고 자유로워지는 것은 가능한 일이며, 그 과정이 얼마나 어렵고 힘든가 하는 것은 전적으로 그 자신에게 달려 있습니다. 매일 매일 너끈히 견딜 수 있는 미봉책 수준의 회복을 원하는지, 좀 더 궁극적인 영적인 변화를 원하는지, AOCA 자신이 갖는 회복 목표에 따라서 변화 과정과 변화의 수위나 난이도가 결정될 것입니다.

또한 성인 자녀는 늘 YES라고 하지 않고 NO라고 말할 수 있으며, 생활을 재구조화하고 자신의 문제에 조금씩 마주서야 합니다. 가족과 자신의 문제 중에서 무엇이 표면상 문제이고 무엇이 근본적인 문제인지는 알면 알수록 더 두렵고 어려워지기 때문에 때로 뒷걸음질 친다고 해도 일단 시작된 회복의 발걸음은 천천히 전진하게 됩니다. 회복 과정은 일정한 속도로 진행되는 것이 아니라 어느 순간 뒷걸음질 치기도 하지만 이것 또한 성장하는 과정 중에 하나라는 것을 인식해야 합니다.

성인 자녀(ACOA)의 회복에 좋은 방법으로는 관련된 책을 읽고 영화를 보거나 글을 쓰는 것 등이 있습니다. 이 중 가장 추천하고 싶은 방법은 글 쓰는 것(예: 일기)입니다. 예를 들어 두꺼운 노트를 하나 구입하여 한쪽 면에 하루하루 그날의 감정을 기록하고 남은 한쪽 면에는 일 년 뒤 같은 날짜에 일기를 씁니다. 그렇게 두꺼운 노트에 2년의 일기를 써 나가다 보면 작년에 무슨 일이 있었고 그때의 나는 어떻게 대처했으며 타인과의 공유가 얼마나 이루어졌는지 등을 스스로 알 수 있게 됩니다. 아쉬웠던 점을 생각하면서 올해는 작년보다 더 나은 내가 될 수 있는 내적인 힘이 생기게 됩니다. 이렇게 2년 치 일기를 쓰는 방식은 전문가의 말보다 훨씬 더 큰 효과를 나타낼 것입니다. 조금씩 성장해 나가는 과정을 자신이 확인할 수 있기 때문에 힘을 얻게 되고, 회복을 끈을 놓지 않게 됩니다.

이 세상에 부모를 선택해서 태어나는 사람은 아무도 없기 때문에 부모님이 가진 문제를 도덕적인 잣대로 재지 않기를 바라봅니다.

마지막으로, 중독 문제는 우리 사회에 만연해 있기 때문에 성장 과정에서 고통받고 있는 자녀(COA)나 이미 성장해서 어른이 된 성인 자녀(ACOA)들이 회복하는 것은 분명 매우 가치 있는 일입니다. 그리고 장차 COA나 ACOA가 될 수밖에 없는 운명에 처해진 자녀들에게 선배협심자가 되어서 시행착오를 감소시켜 줄 수 있다는 측면에서도 진정한 의미가 있습니다.

chapter

04

공동의존

김혜선 교수

중독과 공동의존의 관계

중독과 공동의존은 어떤 관계가 있나요?

중독 분야의 임상가 주디 홀리스는 "한 명의 중독자는 주변의 15명 내지 20명을 굉장히 분주하게 만든다."고 했습니다. 자신의 일이 아닌데도 중독자 주변에서 분주히 움직이게 되는 이런 사람들의 성향을 공동의존이라고 합니다. 대부분의 사회에서 중독 문제는 매우 심각하게 여겨지는 반면 중독자 때문에 발생하는 문제로 인해 주변인들이 받는 영향에 대해서는 다소 간과하는 경향이 있습니다.

■ 중독에 중독되다 ■

중독자 한 사람이 15명에서 20명의 사람을 분주하게 만든다. 그리고 중독자 중 많은 사람들 또한 그렇게 분주한 사람이다.

• 주디 홀리스 (Judi Hollis)

우리는 그 분주한 성향을 "공동의존"이라 부른다.

우리나라에서 그런 성향의 사람은 전체 인구 5,000만 명 중…?

중독과 중독자 주변에 분주히 움직이는 공동의존은 매우 밀접한 관련이 있습니다.

분주한 성향이란 중독자 한 명 때문에 영향받는 주변의 많은 사람들을 통칭하는 단어인가요?

중독자는 무언가에 중독되어 있는 사람입니다. 그런데 공동의존자는 그 중독된 사람에게 중독되어 있는 사람을 말합니다. 예를 들어 알코올중독자의 경우 알코올에 강박적으로 집착하고 있는 사람을 말하는데 공동의존자는 알코올중독자 옆에서 중독자를 지켜보면서 그 사람에게 집착하고 있는 사람을 가리킵니다. 공동의존자는 중독자가 있는 곳으로 이동합니다. 그래서 나중에는 공동의존자와 중독자가 비슷한 성향을 보이기도 합니다.

그분들에게 왜 옆에서 그렇게 하는지 물어보면 "안 하면 안돼요. 어떻게 안 할 수가 있죠?"라고 대답합니다. 그리고 그것조차 하지 않았을 때 더 불안하고 초조함을 느낀다고 합니다.

공동의존자의 범위는 어디까지인가요?

공동의존자는 처음에는 약물중독자에게 영향을 받는 사람이나 그들의 삶을 설명하기 위해 사용되었습니다.

공동의존적 성향의 배우자나 자녀 또는 연인은 약물중독자의 마약 또는 알코올 남용에 대한 반응으로 자신의 삶을 건강하지 않은 방식으로 꾸려 나가게 되었고, 점차 그 상태를 악화시키면서 특정한 삶의 형태를 보였습니다.

폭식, 식욕상실, 도박, 성적 행위 등과 같은 강박장애들도 알코올중독으로 인한 강박장애나 질병과 유사한 특징을 보임에 따라 이후 공동의존의 정의가 확대되었습니다. 따라서 이러한 강박적 성향을 가진 사람과 가까운 관계를 맺고 있는 사람들도 알코올중독자와 가까운 관계를 맺고 있는 사람들처럼 비슷한 대처 방식을 취하고 있음을 발견하게 되었습니다.

시간이 경과되며 다양한 집단에서 공동의존적 성향이 나타나고 있음을 알게 되었습니다. 예를 들면 알코올중독자의 성인 자녀, 감정적 또는 정신적인 장애를 가진 사람과 인간관계를 맺고 있는 사람, 만성 환자와 연관된 사람, 자녀의 행동에 문제가 있는 부모, 무책임한 사람과 인간관계를 맺고 있는 사람, 사람을 도와주는 직업군인 간호사와 사회복지사 등이 있습니다.

심지어 회복 중인 알코올중독자와 약물중독자들도 자신에게 공동의존 성향이 있고, 본인들이 약물중독자가 되기 전에 이미 공동의존 상태였음을 인식하기 시작했습니다.

초기	• 알코올이나 약물중독자에 영향을 받는 사람
확대	• 강박장애 성향(폭식, 식욕상실, 도박, 성적 행위 등)을 보이는 사람에게 영향을 받은 사람 • 회복 중인 알코올 및 약물중독자
확대	• 알코올중독자 성인 자녀 • 정서적 장애를 가진 사람과 인간관계를 맺고 있는 사람 • 만성환자와 연관된 사람 • 자녀의 행동에 문제가 있는 부모 • 무책임한 사람과 인간관계를 맺고 있는 사람 • 사람을 도와주는 직업군

공동의존자들은 어떤 특성을 보이나요?

공동의존자들은 매우 다양한 특성을 보입니다. 그 중 가장 많이 나타나는 특성은 다음과 같습니다.

• 해야만 하는 일들을 잔뜩 쌓아 놓는다.

자신이 감당하지도 못하는 일들로 인해 결국 죄책감, 수치심을 갖게 됩니다.

• '…하면 어쩌지?'로 걱정한다.

결정을 해야 하는 상황에서 안절부절못하고 결정한 일을 항상 후회합니다. 걱정은 헛된 생각들을 끊임없이 재생산하여 그 어떤 것도 하지 못하도록 자신의 마음을 마비시키고 삶의 모든 부분을 장악합니다. 공동의존자는 이러한 걱정을 연료로 삼아 자신과 상대방의 갖가지 행동들을 통제합니다.

• 초점이 타인에게 있다.

상대방이 행복의 열쇠라고 생각합니다. 자신의 삶은 다른 사람의 삶의 궤도를 따라 움직이고, 상대방에게 사랑과 인정을 원하지만 상대방이 자신과 절대 함께하지 않을 것이라는 불안감 때문에 사소하고 하찮은 것에서부터 학대와 비정상적인 일까지

참고 견디는 생활을 하게 됩니다.

• 집착한다.

공동의존자들은 약물중독자나 알코올중독자에게 지나치게 관여되어 있고, 때때로 절망적일 정도로 얽혀 있어서 빠져나올 수 없는 경우도 있습니다. 자신의 문제나 걱정거리로 스스로를 괴롭힐 뿐만 아니라 그 상황을 통제하려 합니다. 이 때문에 자신에 대해서 어떤 일을 할 수도, 자신의 삶을 살아갈 수도, 자신의 감정을 느낄 수도, 자신의 문제를 해결할 수도 없게 됩니다.

• 낮은 자존감을 가지고 있다.

낮은 자존감만이 문제가 아니라 그 이상으로 자기를 증오하기까지 합니다. 다른 사람보다 열등하다고 느끼며 그들과 다르다고 생각합니다. 자신에 대해 똑바로 대면한 적이 없으며 뿌옇게 때가 묻어 있는 회갈색 필름을 통해 자신을 바라보는 경향이 높습니다. 옷을 단정하게 차려입고, 머리를 가다듬고, 반듯한 집에서 살고, 선망하는 직장에 다니면서 자신에 대한 진짜 감정을 숨기며 살아갑니다. 자신을 미워하도록 자극하는 생각, 느낌, 사람들이나 사물들을 애써 불러들입니다. 결국 스스로에게 못되게 구는 행동을 합니다.

• 감정을 억누른다.

감정적으로 취약해지는 것을 큰일이라고 생각합니다. 상처가 난 부위에 또 다른 상처가 생겨도 어느 누구 하나 관심을 가져주기 않기 때문에 스스로 감정을 멀리하는 것이 옳다고 믿고 있습니다. 감정을 표현한다는 것이 가정에 재앙을 가져올 수도 있음을 경험을 통해 습득했기에 감정을 느끼지 않으려 합니다. 감정을 표현하는 것보다 참는 것이 쉽기 때문입니다. 그래서 감정을 사라지게 하려고 애를 씁니다. 결국 이러한 감정 억제는 자신과 상대방을 엄격하게 통제하고, 상대방이 자신을 어떻게 생각하는지 늘 노심초사하며 즐기지 못하는 인생을 만듭니다.

• 신체적으로 취약해진다.

감정을 억누르고 부정한다는 것은 두통과 위장장애, 요통을 일으킬 수 있으며, 전반적으로 신체를 질병에 취약한 상태로 만들 수 있습니다. 특히 부정의 단계에서 감정의 표현을 제한하려는 시도들은 과식, 식욕부진, 알코올과 마약 사용, 강박적인 성적 행동, 강박적인 소비, 수면장애, 집착, 통제하는 행위, 기타 다른 강박장애들과 같은 위험요소의 발생 가능성을 높입니다.

• 의사소통에 문제가 있다.

공동의존자는 사람을 조작하고, 기쁘게 하고, 통제하고 문제를 감추고, 죄책감을 완화시키고자 언어를 신중하게 선택해서 자신에게 유리하도록 대화를 합니다. 또한 울고 싶을 때 웃고, 괜찮지 않을 때 괜찮다고 말합니다. 돌려서 말하기 때문에 자신의 의도를 말을 통해 그대로 표현하지도 못합니다. 자신의 모습을 긍정적으로 여기지 않기 때문에 있는 그대로를 다른 사람에게 표현하는 것을 두려워합니다. 결국 자신이 괴롭힘을 당하거나 세상과 소통하지 못하도록 스스로를 방치합니다.

• 친밀감을 두려워한다.

친밀감과 사랑의 관계에서는 정서적으로 취약해질 수 있기 때문에 혼자 있거나 정서적으로 연관되지 않을 때 편안함을 느낍니다. 친밀감이 주는 불확실성과 그로 인해 발생할 수 있는 상처들을 굳이 만들려 하지 않습니다. '나로 살아간다는 것'이 정서적으로 솔직하게 살아가는 것이고, 때로는 사람들에게서 거부당할 수도 있음을 의미하지만 그런 일을 만들지 않으려 합니다. 그래서 '자신'의 모습으로 살지 못하고, 상대방을 먼저 거부합니다. 가면을 쓰고 자신의 본래 모습보다 대단한 뭔가가 있는 척 행동합니다. 이리저리 에너지를 써대면서 어느 누구와도 특별히

친밀해지지도 약해지지도 않으려는 물 타기 전략을 사용합니다. 결국 한 명의 진정한 인간으로 살아가는 것이 아니라 연극을 하는 것입니다. 또한 자신에게 별 유익이 없는 사람과는 주도적인 관계를 맺지만 유익한 사람에게는 오히려 배척해 버리는 등의 행동들을 보입니다.

• 성적 만족감을 느끼지 못한다.

알코올중독과 강박장애는 친밀감의 모든 영역을 공격하며, 사랑을 육체적으로 표현할 수 없는 지경에 이르게 합니다. 이것은 가장 마지막 단계에서 경험하게 되는 고통스러운 상실입니다. 알코올중독의 남성은 성적 불능상태에 빠지고, 여성의 경우 성적 욕구가 없어집니다. 오르가즘에 이를 수도 없고 통제력 상실에 대해 두려워하며 상대방을 더 이상 신뢰하지 않습니다. 성관계는 두 사람의 관계의 전체적 상황을 거울에 비춘 것처럼 그대로 나타납니다. 결국 공동의존자는 성관계를 대신할 또 다른 허드렛일, 또 다른 의무, 원하지 않지만 해야만 하는 특별한 일로 전환하며, '해야만 하는 일들'을 쌓는 결과를 낳습니다. 이 과정에서 수치심과 죄책감을 느끼며 자신을 속이는 일들이 발생합니다.

공동의존의 실례

공동의존의 실제 예를 들어주세요.

예를 들기에 앞서 공동의존자들의 패턴에 대해 살펴보겠습니다. 공동의존자들은 일정한 패턴을 가지고 있습니다. 이런 패턴을 증오의 삼각형이라고 부릅니다. 구원자 → 박해자 → 희생자의 패턴으로 이루어져 있습니다.

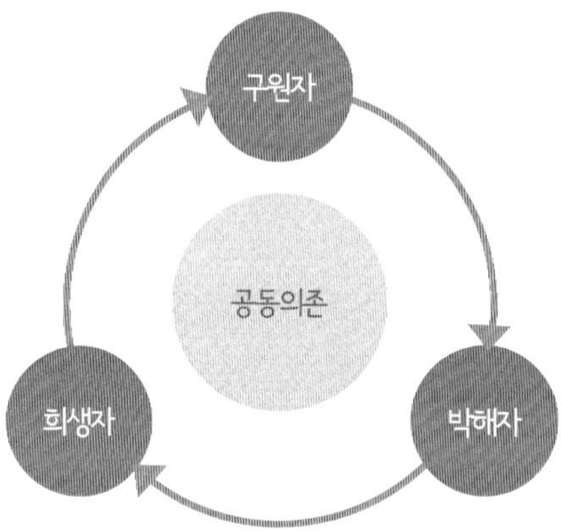

50대 중반의 아름다운 여성이 있었어요. 165센티가 넘는 큰 키에 굉장한 미인이었지만 그분은 정작 자신에 대해 나쁜 이미지를 가지고 있었고 알코올중독자인 배우자에 의해 그분의 생각과 행동이 좌

우되고 있었어요.

남편이 술김에 "넌 못생겼어."라고 이야기하면 자신이 정말 못생겼다고 생각을 하고 "네가 아름다우면 내가 술을 먹지 않아."라고 남편이 이야기하면 아내는 살을 빼고 성형까지 하면서 예뻐 보이려고 했다고 해요. 그리고 남편에게 맞기도 참 많이 맞았다고 했어요.

남편의 폭력에 아무런 저항도 하지 않는다는 것 자체가 학습된 무기력이기도 하겠지만 아내는 저녁에 구타를 당하고 잠자리에 누웠을 때 남편의 등을 보면 오히려 불쌍한 마음이 들고 자신을 때린 남편의 마음이 이해가 된다고 이야기했어요.

그리고 남편을 알코올치료 병원에 입원시킨다는 것은 좋은 아내이기를 포기한다는 의미로 생각하고 있었기 때문에 남편의 술 문제를 해결하는 것이 본인의 일대 과업인 것이죠.

위의 사례가 바로 대표적인 구원자의 모습입니다.

문제는 여기서 끝나는 것이 아니라 아내의 이런 스트레스는 자녀들에게 좋지 않은 영향을 미치게 됩니다. 좋은 엄마가 되고 싶어 하지만 그러지 못하는 상황에 죄책감을 느끼게 되는 것입니다. 그리고 본인이 노력한 만큼 남편의 술 문제가 회복되지 않으니 그런 남편을 힘들게 하고 원망합니다. 바로 박해자의 패턴을 보이게 됩니다.

환경에 익숙해질수록 습관화된 시간만큼 공동의존의 깊이도

깊어지는 것 같습니다.

또한 이 여성의 경우는 1%의 가능성만 있어도 본인은 그 문제를 해결할 수 있다고 생각합니다. 그리고 본인이 해결해야 한다고 생각하기 때문에 자신이 완전히 지치지 않는 이상, 자신의 삶 자체를 내려놓지 않는 이상은 또 다른 것을 계획할 것입니다. 곁에서 보기에는 누군가를 책임질 수 있는 에너지가 전혀 없어 보이는데도 누군가를 살리려고 몸부림치는 것입니다. 이것은 그들 스스로가 자신의 인생 각본을 희생자로 잡았기 때문에 벌어지는 일입니다. 희생함으로써 본인이 살아있음을 느끼는 것입니다. 실제로는 도움을 받아야 할 상황인데 말입니다.

이런 증오의 삼각형이 습관적으로 반복되는 공동의존자의 삶의 패턴입니다. 자신의 삶이 망가진다는 것을 알고 있으면서도 벗어날 수 없는 것이 바로 공동의존입니다.

공동의존과 사랑

공동의존과 정상적인 사랑 사이에 구분이 있을까요?

희생을 한다는 것은 자신의 일부가 떨어져 나가는 것과 같습니다. 자신을 지킬만한 합리적인 수준에서는 문제가 되지 않지만 이것이 합리적인 수준을 넘어 상식 밖의 수준으로, 예를 들어, 어머니는 가족의 생계를 위해 계속해서 일을 하는데 남편은 술을 마시는 경우, 자녀들은 어머니에게 의지한 채 자신의 삶을 살아가려고 하지도 않고 독립해 나가지도 않는다면 이것은 합리적인 수준이라고 할 수 없습니다. 이렇게 사는 삶은 남편도 자녀도 건강한 삶이 아닌 것입니다. 사람은 독립적으로 살아가야 하는 부분이 있는데, 전혀 그렇게 살아가려 하지도 않는 것입니다. 결국은 어머니의 것들을 뜯어가면서 살아가는 삶이라고 할 수 있으며, 이것은 누군가를 죽이면서 살아가는 것입니다.

오로지 저 사람을 고치기 위해 또는 온전한 사람으로 만들기 위해 나의 모든 것을 쏟아 부으면서 정작 나를 위한 것이 하나도 없다면 정상적인 사랑이라기보다는 공동의존이라고 생각하면 됩니다.

대부분의 사람은 자신이 변화하고 싶을 때 바뀝니다. 사람을 바꿀 수 있다는 생각 자체가 잘못된 것입니다.

공동의존자의 형성 원인은 무엇인가요?

가장 첫 번째는 알코올중독 부모나 여러 가지 문제들을 가지고 있는 가족과 살아오면서 거짓 신화를 믿었기 때문입니다.

그리고 항상 "이기적으로 살지 말고 친절하게 다른 사람을 도와줘라.", "네 말이나 행동이 다른 사람의 감정을 좌우 할 수 있으니 절대로 그 사람의 마음을 다치게 해서는 안 된다.", "무례한 사람으로 취급받으니 개인적인 기대나 욕구가 있어도 말하지 말고 참아라."라는 말들을 들으면서 다른 사람에 대해서 책임을 져야 하지만 스스로에 대해서는 책임을 지지 않아도 된다고 학습되었기 때문입니다.

대부분의 여성들은 훌륭하고 바람직한 아내와 어머니란 가족을 잘 돌보는 사람이라고 배워 왔을 것입니다. 그 여성들에게는 돌보는 일이 요구되고 기대되었고 당연한 의무가 되었습니다. 일부 남성들도 좋은 남편과 아버지란 돌보는 사람, 즉 가족 구성원의 모든 필요를 채우는 슈퍼맨과 같은 존재가 되어야 한다고 배웠고 그것을 믿고 있습니다.

마지막으로는 사람들을 돌봐야 한다는 종교적 신념, 예를 들어 "누가 5리를 가자고 하면 10리를 가주어라." 또는 "네 이웃을

네 몸과 같이 사랑하라" 등을 '감당할 수 없는 지경이 될 때까지 계속 베풀어야 하는 것'으로 잘못 해석했기 때문입니다.

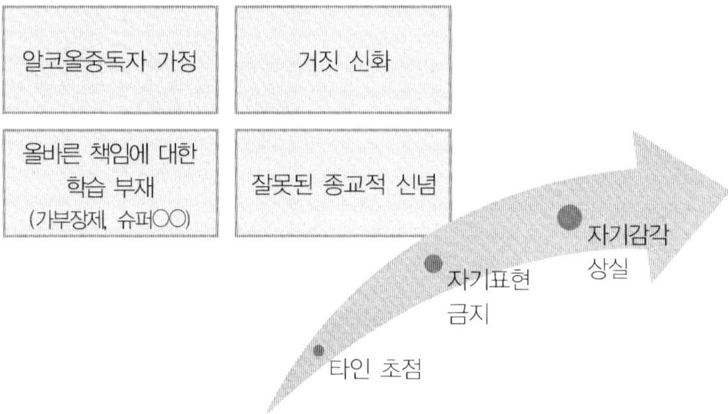

모든 행동에는 이유나 목표가 있습니다. 공동의존자의 경우에도 무의식적인 의도가 있다고 한다면 어떤 방법으로 나타나나요?

공동의존자는 '내 남편은 이래야 한다.', '내 자녀는 이래야만 한다.'라는 식의 자기만의 대본이 있습니다. 만들어 놓은 틀 안에 자신을 포함한 모든 주변 사람들을 넣으려고 하는 것입니다. 그 집념 또한 매우 강합니다.

강한 집념을 이루기 위해 사람을 통제하는 세 가지 방법이 있습니다. 첫 번째는 폭력입니다. 철권통치라고 하는데 본인이 왕이 되어 모든 것을 조합시키려 합니다. 자식과 남편에게 그것을 해야만 한다고 강요하지만 본인들은 자신이 통치하고 있다고 생각하지 않습니다. 나는 어떤 모습을 하고 있는지 여러분의 가족에게 물어보기 바랍니다.

두 번째는 매우 우아한 분위기 연출입니다. 일종의 조장자 역할을 말합니다. 엉덩이를 다독거리면서 부드럽게 이야기하여 움직일 수밖에 없도록 만듭니다. 상대방의 입장에선 얼떨결에 하고 나서 '내가 무슨 일을 했지?'라는 생각이 들게 됩니다.

세 번째 방법은 자신이 무력한 사람이라고 표현합니다.

"내가 다 잘못했어.", "내가 멍청했어.", "그래 내가 무식해서 그랬어."라는 식으로 자신을 학대하며 무기력한 사람으로 보이려고 합니다. 그래서 저 사람을 도와주지 않으면 안 될 것 같은 감정을 유도합니다. 이렇게 자신이 만든 대본에 그들이 들어오게 하는 것, 이것이 공동의존자들의 최종 목표입니다.

공동의존과 중독상태

공동의존을 겪는 사람들도 알코올중독이나 도박중독에 빠진 사람처럼 회복이 필요한가요?

당연히 필요합니다. 왜냐하면 어느 순간 의도치 않게 자신도 모르게 중독자와 똑같은 심리 영적 수준이 되기 때문입니다. 중독자는 알코올이든 마약이든 게임이든 그 무언가에 중독되어 있고 공동의존자는 거기에 중독되었기 때문에 결론적으로 같다고 볼 수 있습니다. 그래서 본인이 사라질 때까지 계속해서 참아내고 옆에서 뭔가를 하지 못하게 되면 오히려 힘들어 합니다. 실제 공동의존자와 상담을 해보면 본인의 이야기를 해 달라고 해도 하지 못하는 경우가 많습니다. 중독자가 없는 자신의 삶은 없기 때문입니다. 자신의 삶을 살기 위해서 또다시 그 사람을 잡으려 합니다. 이분들의 회복은 반드시 필요합니다. 당신은 소중한 사람이기 때문입니다.

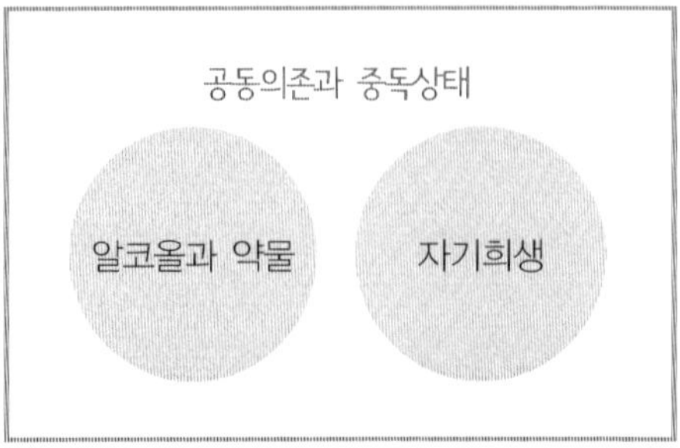

공동의존자가 자신에게 있는 문제를 해결하지 않으면 중독자에게 어떤 영향을 줄 수 있나요?

공동의존 성향이 회복되지 않았을 때 최상의 결과는 유지이고 최악의 결과는 악화라고 볼 수 있습니다. 예를 들면, 술을 마시지 않으면 집에서 말 한마디 하지 않는 남편이 있습니다. 아내 입장에선 남편이 느끼고 있는 감정이나 생각을 알고자 할 때 술을 주게 됩니다. 이 상황은 알코올중독자가 공동의존자의 필요에 의해 움직이는 것입니다. 알코올중독자는 마시라고 준 술을 마신 죄밖엔 없습니다. 마시고 토하더라도 보호자가 모두 치워주고 정리까지 깔끔하게 끝내놓기 때문에 아침에 일어난 알코올중독자는 아무것도 기억하지 못합니다. 과연 이 알코올중독자는 술을 마시지 말아야겠다는 생각이 들까요?

모든 일들을 다 옆에서 해주기 때문에 굳이 술을 끊어야겠다는 생각을 할 필요가 없을 겁니다.

또 하나는 상대방에 대한 감정이 악화되는 상황이 발생합니다. 일반적인 경우 문제가 있으면 그것에 대해 감정을 표출한 후에는 더 이상 그 문제에 집착하지 않습니다. 그런데 이 두 관계는 표출할 수 있는 상황이 이뤄지지 않고 표출하면 오히려 상처를 입기 때문에 서로 말을 하지 않는 경우가 많습니다. 그런데 이렇게 말을 하지 않는 것은 상황을 더 악화시키고 나쁜 결과를 불러오게 됩니다. 처음에는 레벨 1에서 시작되었던 감정싸움이 2가 되고, 2를 상대방에게 넘기게 되면 또 붙어서 3이 되어 돌아오는 상황이 벌어집니다. 이런 경우 서로에 대한 집착은 더 강해집니다.

마지막으로, 공동의존자가 가장 두려워하는 것 중 하나가 나쁜 사람이 되는 것입니다. 감정싸움이 깊어지게 되면 상대방은 공동의존자를 나쁘다고 이야기할 것이고 공동의존자는 자신이 나쁘지 않다는 것을 증명하기 위해 더 열심히 살아가려 합니다. 그런데 열심히 사는 걸 상대측에서 받아주지 않는 경우 다시 공격을 반복하게 됩니다.

이런 상황은 계속해서 반복되고 알코올중독자는 이런 상황 때문에 힘이 들어 술을 마신다고 합니다. 중독 문제가 더 심각해지는 것은 어찌 보면 당연한 결과입니다. 결국 공동의존이 조장자 역할을 하는 것입니다.

공동의존자가 자신의 문제를 해결하지 않으면 의도와 상관없이 중독 문제가 더 심해질 수도 있나요?

공동의존자는 중독자를 악화시키려는 의도가 전혀 없습니다. 오히려 좀 더 좋아지도록 도우려는 마음을 갖고 있지만 결과적으로 악화되도록 유도합니다. 이것은 알코올중독에 초점을 맞춰야 하는 것이 아닙니다.

예를 들어, 자신의 아들에게 큰 소리로 야단을 쳤습니다. 자기 자식에게 잘못되라고 말을 하는 부모는 없습니다. 하지만 이런 훈계가 서로 간의 감정을 상하게 하면서 서로 말하지 않는 관계, 어느 누구도 원하지 않는 관계, 차라리 엄마가 아들에 대해 무관심하다면 현상유지는 했을 텐데 하는 후회가 남는 관계로 변질되어 오히려 지속적인 관심이 상황을 악화시키는 결과를 가져옵니다.

이런 상황들로 볼 때 공동의존자의 마음에 악화시키려는 의도가 없다고 해도 의도와는 상관없이 상황이 점차 격해지고 악화되어 그로 인해 중독 문제가 심해지는 결과가 나올 수밖에 없습니다. 공동의존자들이 가지고 있는 무의식 속의 알 수 없는 외로움과 분노가 그런 것을 만들어낸 결과입니다.

하지만 정작 본인들은 알 수 없는 외로움이나 분노가 무엇인지 자각하지 못하는 것이 원인입니다.

공동의존에서의 회복

공동의존에서 벗어날 수 있는 해결책을 알려주세요.

■ 공동의존에서의 회복 ■

변화의 첫 번째 단계 : 자기인식

변화의 두 번째 단계 : 자기수용

HOW

- 정직 "Honest"
- 열린 마음 "Open"
- 기꺼이 하려고 하는 자세 "Willingness"

공동의존자들은 자신이 집착하고 있는 문제, 강박적으로 취하는 행동에 대해서 일단 떨어져 나와야 합니다. 그것을 분리라고 합니다. 뭔가 본인의 머릿속을 계속 맴돈다면 그 시점이 바로 분리해야 할 때입니다. 내가 바로 서지 않는 이상 어느 누구에게도 도움을 줄 수 없습니다.

만약 중독자 때문에 그 가족들에게 공동의존이 발생했다면 중독자에 대해 손을 떼야 하고 완전히 내려놓아야 합니다.

알코올중독자의 치료 과정에서 1단계는 문제인식입니다. 공동의존에서의 해결책도 마찬가지입니다. 자신이 해결할 수 없다는 사실을 인식하는 것이 첫 번째입니다. 두 번째는 내가 느끼는 감정이나 나의 상태에 대해 관심을 기울이면서 자신을 있는 그대로 수용하는 것입니다.

평소 어떤 느낌이 드십니까? 몸의 어디가 불편하십니까? 아마 사는 동안 한 번도 생각해 보지 않았을 것입니다. 거울 앞에 서 보십시오. 여러분의 몸은 어떠십니까? 여러분은 얼마나 웃을 수 있나요? 여러분 얼마나 분노할 수 있나요? 여러분 마음껏 분노해 보셨나요?

공동의존자는 자신에 대한 감정을 전혀 느끼지 못한 채 껍질 속으로 들어가 있는 것입니다. 껍질 속에 들어가 버린 사람은 지금 현재를 살 수가 없습니다. 자신의 감정을 느끼고 표현하는 것은 부끄러운 것이 아닙니다.

다음으로는 과거의 잘못이나 인지적인 문제 등을 해결하기 위한 세부적인 단계들이 필요합니다.

이 단계까지는 많은 시간이 걸립니다. 그 과정에서 도움을 요청하는 것에 대해 부끄럽게 생각하지 않아야 합니다. 공동의존의 성향을 가진 사람은 완벽주의이거나 최선을 다하는 순교주의 또는 일중독인 분들이 매우 많고 누군가의 도움을 받는 것도 싫어합니다. 도움을 받는다는 것은 자신도 비상적인 사람과 비슷한 사람이 된다고 생각하기 때문입니다. 도움을 받는 것은 창피한 일이 아닙니다. 중요한 것은 하루를 살더라도 내 삶을 사는 것입니다.

도움을 받을 수 있는 구체적인 방법들에는 어떠한 것들이 있나요?

첫 번째로 중독자 가족들의 모임인 '알라넌'이 있습니다. 공동의존자도 중독자와 마찬가지로 자신의 감정이 무엇인지 모르고 살아갑니다. 생각과 느낌을 담을 만한 여유조차 없이 분주하기만 한 일상에서 무엇인가 잘못되어가고 있고 이상하다고 생각하지만 정확하게 무엇인지 깨닫지 못합니다. 알라넌 모임에 참석하여 이야기를 듣다보면 그곳에서 단서를 찾을 수 있을 것입니다. 나에게도 간직되어 있는 느낌과 생각을 찾을 수 있도록 도움을 줍니다.

단순히 배우자들을 돕고 자기의 문제를 떠드는 하찮은 모임이라 생각하지 않는다면 그곳에 가서 내가 모르는 내 안의 기억들을 떠올리게 되고 생각하고 느끼게 되는 시간이 될 것입니다.

두 번째는 상담입니다. 가까운 사회복지관이나 중독과 관련된

상담 기관, 병원에 방문해 보길 바랍니다. 어떤 도움을 요청해야 될지 고민하지 않아도 괜찮습니다. 여러분은 여러분의 문제로 왔다고 하면 그 분들이 여러분을 이끌어 줄 것입니다. 지금 여러분에게 가장 필요한 것은 '내가 그렇게 해야 되겠다.'라는 결단입니다.

잘못 생각하면 공동의존자는 미친 사람인가? 문제가 있나? 라고 생각할 수도 있습니다. 아니요. 공동의존자는 환경이나 상황이 그렇게 만들었을 뿐입니다. 거기서 나올 수 있는 사람은 자기 자신 밖에 없습니다. 여러분이 행복한 삶을 살기를 바랍니다. 더 이상 여러분들이 불행하거나 힘들어서 자신의 모든 것을 포기하면서 살아가지 않아도 된다고, 이제 그만해도 된다고 말씀해 드리고 싶습니다.

공동의존에서 벗어나기로 결단하는 시간이 되었으면 합니다.

appendix

부록

부록1

알코올 사용 장애 선별검사(AUDIT-K)

번호	내용	0점	1점	2점	3점	4점
1	얼마나 자주 술을 마십니까?	전혀 안 마심	월 1회 이하	월 2~4회	주 2~4회	주 4회
2	술을 마시는 날은 한번에 몇 잔 정도 마십니까?	전혀 안 마심	소주 1~2잔	소주 3~4잔	소주 5~6잔	소주 7~9잔 (10잔 이상 5점)
3	한번에 소주 한 병 또는 맥주 4병 이상 마시는 경우는 얼마나 자주 있습니까?	없음	월 1회 미만	월 1회	주 1회	거의 매일
4	한번 술을 마시기 시작하면 멈출 수 없었던 때가 1년 동안 얼마나 자주 있었습니까?	없음	월 1회 미만	월 1회	주 1회	거의 매일
5	지난 1년간 평소 같으면 할 수 있었던 일을 음주 때문에 실패한 적이 얼마나 자주 있었습니까?	없음	월 1회 미만	월 1회	주 1회	거의 매일
6	지난 1년간 술 마신 다음날 일어나기 위해 해장술이 필요했던 적은 얼마나 자주 있었습니까?	없음	월 1회 미만	월 1회	주 1회	거의 매일
7	지난 1년간 음주 후에 죄책감이 든 적이 얼마나 자주 있었습니까?	없음	월 1회 미만	월 1회	주 1회	거의 매일
8	지난 1년간 음주 때문에 전날 밤 일이 기억나지 않았던 적이 얼마나 자주 있었습니까?	없음	월 1회 미만	월 1회	주 1회	거의 매일

9	음주로 인해 자신이나 다른 사람이 다친 적이 있습니까?	없음		있지만 지난 1년간 없었음		지난 1년간 없었음
10	친척이나 친구, 의사가 당신이 술 마시는 것을 걱정하거나 당신에게 술 끊기를 권유한 적이 있었습니까?	없음		있지만 지난 1년간 없었음		지난 1년간 없었음
점수 누계						
총점						

※ 질문을 읽고 해당되는 대답에 각각 체크하고, 각각의 점수를 합산한다.

※ 질문에 나오는 1잔은 술의 종류와 상관없이 표준잔 1잔의 양을 의미한다.

■ 평가기준(점수기준)

정상음주군(남성: 0~9점 / 여성: 0~5점)

합산 점수가 남성 9점 이하, 여성 5점 이하는 정상음주군에 속한다. 정상 음주군은 지금까지 비교적 건강하고 안전한 음주 습관을 지니고 있다고 볼 수 있다. 한자리에서 남자는 2~4잔, 여자는 1~2잔 이하, 일주일에 2~3일은 금주하는 '적정 음주량' 유지가 필요하다.

위험음주군(남성: 10~19점 / 여성: 6~9점)

합산 점수가 남성 10점 이상 19점 이하, 여성 6점 이상 9점 이하는 위험음주군에 속한다. 위험 음주군은 음주량과 음주 횟수가 너무 많은 위험한 상황이다. 알코올중독이 될 가능성이 높아, 알코올 치료 전문병원이나 중독상담센터에서 상담이 필요하다.

알코올 사용 장애 추정군(남성: 20~40점 / 여성: 10~40점)

합산 점수가 남성 20점 이상 40점 이하, 여성 10점 이상 40점 이하는 알코올 사용 장애 추정군에 속한다. 알코올 사용 장애 추정군은 음주량과 음주 횟수 조절이 어려운 상태로 술을 줄이는 게 아니라 당장 끊어야 하는 상태이다. 알코올 치료 전문병원에서 입원치료가 필요하다.

부록2

한국어판 알코올중독자 자녀 선별 검사

(The Korean Version of Children of Alcoholics Screening Test: CAST-K)

1. 채점 방법 및 해석 지침

예=1점, 아니오=0점으로 하여 총점이 6점 이상인 경우 알코올중독자의 자녀로 선별한다.

2. 검사

한국어판 알코올중독자 자녀 선별 검사

(The Korean Version of Children of Alcoholics Screening Test: CAST-K)

응답 보기 : 예 ( ) / 아니오 ( )

1. 나는 부모님 중 한 분이나 두 분 모두 술 문제가 있다고 생각해본 적이 있다.
2. 나는 아버지나 어머니의 술 문제 때문에 잠을 못 잔 적이 있다.
3. 나는 아버지나 어머니에게 술을 끊으라고 말한 적이 있다.
4. 나는 아버지나 어머니의 술을 끊을 수 없었기 때문에 화가 나거나 외로움, 두려움, 불안, 좌절을 느낀 적이 있다.

5. 나는 아버지나 어머니가 술을 마셨을 때 부모님과 말다툼이나 싸움을 한 적이 있다.

6. 나는 아버지나 어머니의 술 문제 때문에 가출을 했던 적이 있거나 가출하겠다고 말한 적이 있다.

7. 아버지나 어머니가 술을 마시고 나나 식구에게 소리를 지르거나 때린 적이 있다.

8. 나는 부모님 중 한 분이 술을 마셨을 때 부모님끼리 싸우는 소리를 들은 적이 있다.

9. 나는 술 마신 아버지나 어머니로부터 식구를 보호하려고 한 적이 있다.

10. 나는 아버지나 어머니로부터 식구를 보호하려고 한 적이 있다.

11. 나는 아버지나 어머니의 음주와, 음주로 나나 가족에게 생기는 문제들에 대해서 생각하는 시간이 많다.

12. 나는 아버지나 어머니가 술을 끊기를 바란 적이 있다.

13. 나는 아버지나 어머니가 술을 마시는 것에 대해 내 책임이나 내 잘못이라고 느껴본 적이 있다.

14. 나는 술 때문에 부모님이 이혼할지도 모른다고 걱정한 적이 있다.

15. 나는 부모님이 술 마시는 것이 창피하고 부끄러워서 친구나 집 밖에서의 활동을 피한 적이 있다.

16. 부모님 중 한 분이 술을 마셨을 때, 부모님이 말다툼이나 싸움 중에 나를 끌어들였던 적이 있다.

17. 나는 아버지나 어머니가 나 때문에 술을 마신다고 생각한 적이 있다.

18. 나는 술 문제가 있는 아버지나 어머니가 나를 진정으로 사랑하지 않는다고 느낀 적이 있다.

19. 나는 아버지나 어머니가 술 마시는 것을 원망(매우 미워함)한 적이 있다.

20. 나는 술을 마시는 아버지나 어머니의 건강을 걱정해본 적이 있다.

21. 나는 아버지나 어머니가 술 마시는 것 때문에 비난받아본 적이 있다.
22. 나는 아버지가 알코올중독자라고 생각해본 적이 있다.
23. 나는 우리 집이 아버지나 어머니가 술을 마시지 않는 내 친구들의 집처럼 될 수 있었으면 하고 바란 적이 있다.
24. 아버지나 어머니가 술 때문에 나와의 약속을 지키지 못한 적이 있다.
25. 나는 어머니가 알코올중독자라고 생각해본 적이 있다.
26. 나는 술 마시는 아버지(또는 어머니)를 피하거나 아버지(또는 어머니)의 술 문제에 대해 어머니(또는 아버지)의 반응(잔소리, 신경질, 싸움 등)을 피하기 위해서 집을 나간 적이 있다.
27. 나는 우리 집의 술 문제를 이해하고 도움을 줄 수 있는 사람과 대화했으면 좋겠다고 바란 적이 있다.
28. 나는 아버지나 어머니의 술 문제 때문에 형제, 자매나 다른 친척들과 싸우거나 다툰 적이 있다.
29. 나는 아버지나 어머니가 술 마시는 것을 걱정하다가 머리나 배가 아프고 울거나 가슴이 아팠던 적이 있다.
30. 나는 아버지나 어머니의 술 문제 때문에 전에 부모님이 하셨던 집안 살림이나 일들을 대신한 적이 있다.

부록3

전국 중독관리통합지원센터 현황표

지역	계	16	서울	부산	대구	인천	광주	대전	울산	경기	강원	충북	충남	전북	전남	경북	경남	제주
개소		50	4	4	2	5	5	3	2	7	3	1	2	2	2	2	4	2

지역 / 계	센터명 / 50	주소	Tel / Fax
서울 (4)	강북구중독관리 통합지원센터	서울특별시 강북구 삼양로 335-1 2층	T. 02-989-9223 F. 02-989-9225
	구로중독관리 통합지원센터	서울특별시 구로구 구로중앙로 214번지 창무빌딩 4층	T. 02-2679-9353 F. 02-2679-9354
	노원구중독관리 통합지원센터	서울특별시 노원구 노해로 437(노원구청 5층)	T. 02-2116-3677 F. 02-2116-3617
	도봉중독관리 통합지원센터	서울특별시 도봉구 도봉로 523 하이준빌딩 4층	T. 02-6082-6793 F. 02-6082-6784
부산 (4)	부산중독관리 통합지원센터	부산광역시 남구 용소로 46번길 4 우양빌딩 2층	T. 051- 246-7574 F. 051-246-7578
	부산북구중독관리 통합지원센터	부산광역시 북구 금곡동 금곡대로 616번길 41 오성빌딩 5층	T. 051-362-5482 F. 051-362-5483
	사상구중독관리 통합지원센터	부산광역시 사상구 모라로 110번길 85 주공아파트 1단지 나상가 2층	T. 051-988-1191 F. 051-305-8420
	해운대중독관리 통합지원센터	부산광역시 해운대구 반송로 853 반송보건지소 1층	T. 051-545-1172 F. 051-545-1171

대구 (2)	대구동부중독관리 통합지원센터	대구광역시 동구 아양로 246-1 3층	T. 053-957-8817 F. 053-957-8816
	대구서부중독관리 통합지원센터	대구광역시 달서구 학산로 50 월성문화관	T. 053-638-8778 F. 053-638-8767
인천 (5)	계양구중독관리 통합지원센터	인천광역시 계양구 계양대로 126 계양구의회청사 1층	T. 032-555-8765 F. 032-555-8766
	부평구중독관리 통합지원센터	인천광역시 부평구 마장로 410번길 5 청천2동주민센터 3층	T. 032-507-3404 F. 032-507-3406
	인천동구중독관리 통합지원센터	인천광역시 동구 인중로 377, 2층	T. 032—764-1183 F. 032-766-1183
	연수구중독관리 통합지원센터	인천광역시 연수구 동춘동 앵고개로 183 남동부수도사업소 2층	T. 032-236-9477 F. 032-236-9479
	인천남동구중독관리 통합지원센터	인천광역시 남동구 만수동 916-5, 웰빙프라자 4층	T. 032-468-6412
광주 (5)	광주서구중독관리 통합지원센터	광주광역시 회재로 897-1, 용현빌딩 2층	T. 062-654-3802 F. 062-654-3804
	광주북구중독관리 통합지원센터	광주광역시 북구 유동 중가로 26 4층	T. 062-526-3370 F. 062-527-3370
	광주동구중독관리 통합지원센터	광주광역시 동구 금남로 166 대화빌딩 3층	T. 062-222-5666 F. 062-222-6446
	광주남구중독 관리통합지원센터	광주광역시 남구 봉선중앙로 139 한일메디컬빌딩 5층	T. 062-412-1461 F. 062-671-1461
	광주광산구중독 관리통합지원센터	광주광역시 광산구 상무대로 239-1 (송정동 1352) 5F	T. 062-714-1233 F. 062-714-1235
대전 (3)	대덕구중독관리 통합지원센터	대전광역시 대덕구 계족로 664번길 27 한마음상가 207호	T. 042-635-8275 F. 042-622-8275
	대전서구중독관리 통합지원센터	대전광역시 서구 신갈마로 209번길 25 2층	T. 042-527-9125 F. 042-527-9126
	대전동구중독관리 통합지원센터	대전광역시 동구 계족로 108-1	T. 042-286-8275 F. 042-286-8277

울산 (2)	울산남구중독관리 통합지원센터	울산광역시 남구 화합로 105 로하스 빌딩 5층	T. 052-275-1117 F. 052-275-1107
	울산중구중독관리 통합지원센터	울산광역시 중구 학성로 84-1 3층	T. 052-245-9007 F. 052-245-9003
경기 (7)	성남시중독관리 통합지원센터	성남시 수정구 산성대로 223 IS빌딩 4층	T. 031-751-2768 F. 031-751-2767
	수원시중독관리 통합지원센터	수원시 팔달구 매산로 89번지 구중부소방서 2층	T. 031-256-9478 F. 031-256-2294
	안산시중독관리 통합지원센터	안산시 단원구 고잔동 515 구단원보건소 2층	T. 031-411-8445 F. 031-411-8447
	안양시중독관리 통합지원센터	안양시 만안구 문예로 48 만앙보건과 5층	T. 031-464-0175 F. 031-464-0165
	파주시중독관리 통합지원센터	경기도 파주시 문산읍 개포래로 34 (문산보건지소 2층)	T. 031-948-8004 F. 031-948-0068
	화성시중독관리 통합지원센터	정남본소 : 경기도 화성시 정남면 서봉로 998 정남행정복합센터 정남면 보건지소 내 1층 동탄분소 : 경기도 화성시 노작로 226-9 동탄보건지소 내 2층	T. 031-354-6614 F. 031-352-3727
	의정부시중독관리 통합지원센터	의정부시 흥선로 138번길 16	T. 031-829-5001 F. 031-873-5002
강원 (3)	강릉시중독관리 통합지원센터	강원도 강릉시 경강로 2279 강맥빌딩 A동 2층	T. 033-653-9667~8 F. 033-651-9665
	원주시중독관리 통합지원센터	원주시 일산동 211 원주건강문화센터 지하 1층	T. 033-748-5119 F. 033-748-0192
	춘천시중독관리 통합지원센터	강원도 춘천시 삭주로 84 수인빌딩 3층	T. 033-255-3482 F. 033-240-5748
충북 (1)	청주시중독관리 통합지원센터	충북 청주시 상당구 대성로 172번길 21 (흥덕보건소별관) 3층	T. 043-272-0067 F. 043-272-0068

충남 (2)	아산시중독관리 통합지원센터	충남 아산시 번영로 224번길 20 아산시보건소(별관)	T. 041-537-3332 F. 041-537-3406
	천안시중독관리 통합지원센터	충남 천안시 서북구 서부8길 29 구보건소 별관 1층	T. 041-577-8097 F. 041-577-8096
전북 (2)	군산시중독관리 통합지원센터	전북 군산시 의료원로 27 1층	T. 063-464-0061 F. 063-464-0064
	전주시중독관리 통합지원센터	전주시 완산구 장승배기로 293번지	T. 063-223-4567 F. 063-223-0266
전남 (2)	목포시중독관리 통합지원센터	전남 목포시 석현로 48 (하당보건지소 3층)	T. 061-284-9694 F. 061-270-3596
	여수시중독관리 통합지원센터	전남 여수시 시청 서4길 47(학동213)	T. 061-659-4255 F. 061-659-5840
경북 (2)	구미중독관리 통합지원센터	경북 구미시 검성로 115-1	T. 054-474-9791 F. 054-474-9793
	포항중독관리 통합지원센터	경북 포항시 북구 삼흥로 98 포항시 북구보건소 내	T. 054-270-4148 F. 054-277-4026
경남 (4)	김해중독관리 통합지원센터	경남 김해 외동 1261-3 김해보건소 내 2층 211호	T. 055-314-0317 F. 055-314-0318
	마산중독관리 통합지원센터	경남 창원시 마산합포구 합포로 2번지 3층 (신포동 2가)	T. 055-247-6994 F. 055-247-6995
	진주중독관리 통합지원센터	경남 진주시 문산읍 월아산로 983 2층	T. 055-758-7801 F. 055-758-7804
	창원중독관리 통합지원센터	창원시 의창구 신사로 34 (신월동)	T. 055-261-5011 F. 055-261-5015
제주 (2)	제주중독관리 통합지원센터	제주특별자치도 제주시 서광로 175 (용담1동) 아세아 빌딩 5층	T. 064-759-0911 F. 064759-0912
	제주서귀포중독 관리통합지원센터	제주특별자치도 서귀포시 중앙로 101번길 52 (서홍동)	T. 064-760-6037

부록4

알라넌/성인아이/알라틴 전국일람표 (2016.7.7. 현재)

지역		요일	시간	모임이름 및 장소	각 그룹 봉사자의 핸드폰 번호	
서울	1	월요일	12:00	광화문(종교교회 7층 절제의방) 광화문역 #1번	010-3212-0387	박
	2		18:30	강서(강서보건소지하) 9호선 등촌역 3번 출구	010-3770-4348	이
	3		19:30	성북(성가복지병원 2층 휴게실) 미아사거리역 4번 출구	011- 762-2480	최
	4	화요일	13:30	행복을 만드는 집(매월 4째주) 천호역 3번 출구	010-3458-9310	이
	5		15:00	중곡(국립서울병원 내 본관 지하 매점 옆) 중곡역 1번 출구	010-7461-1144	박
	6		19:30	면목본동 주민센터 2층 이어쉼 면목역 3번 출구	010-9020-1392	김
	7	수요일	11:00	화곡(화곡본동 성당 내 4층 409호) 5호선 화곡역 #4	010-9774-8282	김
	8		19:30	마포(마포구정신보건센터 3층) 6호선 마포구청역 #3 출구	010-2741-8624	유
	9		19:30	양재 알라넌 12단계 (양재성당) 3호선 양재역 3번 출구	010-3406-0078	정
	10	목요일	11:00	광장(광장종합사회복지관 3층 동아리실) 강변역 #1	010-5411-2389	김
	11		18:00	녹번(연신내불광보건분소 3층) 3,6호선 연신내 #3	010-7722-0090	정
	12	금요일	12:00	강동(강동구보건소 내 지하강당) 강동구청역 #2	010-7545-1770	엄
	13	토요일	10:00	구로사무실 12단계(구로구청 맞은편) 2호선 대림역 #3	010-8870-6424	김
	14		11:00	창동(다나병원 지하실) 4, 1호선 창동역 #2	010-9438-8138	오

	15		12:30	창동 알라넌 성인아이(다나병원 지하) 4호선 창동역 #2	010-3775-5836	하
	16		14:00	연남동(카프치료공동체 감나무집) 2홍대입구역 #2	010-2754-5319	정
	17	일요일	11:00	화곡일요(화곡본동성당 409) 매달 첫째 일요일 5호선 #4	010-9774-8282	김
	18		15:00	양재 성인아이(양재성당 지하 교리실)	010-6545-4771	오
	19		17:00	양재(양재성당 지하 교리실) 양재역 3번 출구	010-7559-8184	곽
	20		19:00	반포(신반포성당 지하) 신반포역 1번 출구	010-8999-5392	안
	21		19:30	상계초연(상계성당교육관 2층) 4호선 상계역	010-3754-6593	강
인천	22	월요일	19:30	부천(부천성모병원본관 4층) 알코올중독치료센터	010-8779-3069	안
	23	수요일	19:30	인천희망(만수1동 성당 내)	010-6358-7750	김
	24	목요일	09:30	부천초심자 부천성모병원 성요셉관 5층)	010-2890-5810	김
	25		11:00	부천새가정(위와 같음)		
	26		13:00	연수(연수수도사업소 내 2층 알코올상담소 내)	010-9332-8610	전
	27		14:00	부평(청천2동 주민센터 3층 알코올중독센터 내)	010-6535-3394	정
	28	토요일	19:30	성인아이: 만수1동 성당	010-4931-7131	박
경기	29	월요일	19:30	수원행복한 파장시장 근처 (아주편한병원 내)	010-6736-0725	기
	30	화요일	13:00	백석(카프병원 내)	010-5275-0785	최
	31		14:00	의왕(다사랑병원 내 1층)	010-3483-0302	곽
	32	수요일	14:00	벌말(안양 벌말성당 내 1층 교리 실) 평촌역 #4	010-3025-9312	김
	33		15:00	의정부(의정부시 중독관리통합 지원센터)	010-8923-1607	변
	34		19:00	안산(안산시 정신보건센터 내)	010-3309-8832	양

	35	목요일	11:00	성남(수진동 성당 내)	010-4763-4590	고
	36		11:00	김포(김포성당 내 1층 진실방)	010-3351-0487	조
	37		13:30	평촌(동안구 시민대로 171 금강벤처텔 512호 회정센타)	017-- 331-1745	강
	38		14:00	수원(경기알코올상담센터 내)	010-4545-8579	전
강원	39	일요일	17:30	춘천(죽림동 천주교회)	010-8276-9674	임
	40	월요일	19:00	춘천(수인빌딩 3층 알코올상담센터 내)	010-5378-8979	이
대전	41	화요일	09:30	갈마(대전알코올상담센터 내)	010-4818-7314	전
	42	토요일	10:00	대전동구 중독관리통합지원센터 1층 (충남중학교 건너편)	010-3325-4935	김
	43	일요일	14:00	문화(온누리교회 2층-한밭도서관 후문)	010-7152-3207	박
충청	44	화요일	19:30	청주(청주의료원동관 1층, 사회사업상담실)	010-6568-0308	변
	45	목요일	19:00	천안행복(불당동 마음애병원 7층)	010-3497-8532	이
	46		19:30	공주(제민천 3길 22, 가족상담센터 내)	010-3727-6802	이
광주	47	목요일	14:00	광주행복(광주북구중독관리센터 내)	010-9661-3398	윤
전주	48	목요일	14:00	전주마음사랑병원 1층 나눔실	010-9884-7147	모
경남	49	월요일	19:30	울산(중구남외동 560-42, 농우곱창 (3층)지하	010-3641-2953	윤
	50	화요일	19:30	김해(한사랑병원 1층 어울채)	010-5622-2479	박
경북	51	토요일	14:00	문경(문경도서관)	011-816-4256	박
대구	52	화요일	15:00	대구(지하철1호선 아양교역 대구동구중독관리통합지원센터)	010-6351-7680	정
부산	53	수요일	19:30	부산수요(2호선 주례역 7번 출구) 자연병원 3층	010-2828-6589	박
	54	토요일	10:30	부산토요(1호선 양정역 2번 출구) 양정성당 지하 1층 제7교리실	010-9443-3692	김
제주	55	수요일	14:30	제주(가정사도직 부설상담소 내)	010-9839-5215	홍
	56	일요일	14:00	제주(매달 4째주 일요일 장소 위와 같음	010-2695-6768	김

알라틴그룹 전국 시간표						
강원	1	일요일	17:50	춘천알라틴(죽림동성당 말딩회관 3층)	010-9511-8979	홍
경기	2	일요일	11:00	부천알라틴(부천성모병원 성가정관 4층)	010-9472-0710	유

알라넌/알라틴 한국연합(K.G.S.O)

대표전화 (02)752-1808
홈페이지 : www.alanonkorea.or.kr
이메일 : alanonkorea@naver.com
주소 : 서울시 구로구 구로중앙로 18길 5. 현대오피스텔 303호(우편번호: 08302)

※ 현재모임이 진행되지 않거나, 새로운 모임이 시작되거나, 모임일정 및 봉사자, 연락 등 변경사항은 한국 알라넌 본부(K.G.S.O.)로 연락해 주시기 바랍니다.

부록5

한국 GA 모임장소 안내

☎ 02-521-2141 (공개모임 ○, 비공개모임 ●)

요일	번호	지역	모임명	시간	화 합 장 소	비고
월	16	서울	방화동	19:30	서울시 강서구 양천로 6길47 정신사랑의교회 2층(5호선 개화산역 1번 출구)	○
	24	서울	신도림	19:30	서울시 영등포구 문래동2가 24 도박문제관리센터 서울남부센터 5층 (2호선 신도림역 1번 출구)	●
	29	인천	구월동	19:30	인천광역시 남동구 예술로 206 중앙프라자 A동 9층 도박문제관리센터 인천센터 (인천1호선 예술회관역 1번 출구)	●
	17	대전	둔산동	19:30	대전광역시 서구 둔산동 1253 도박문제관리센터 대전센터 6층	●
화	06	서울	홍제동	20:00	서울시 서대문구 홍제동 301-6 홍제동성당 1층 (3호선 홍제역 1번 출구)	●
	09	수원	구천동	20:00	경기도 수원시 팔달구 효원로 119 (분당선 매교역 5번 출구 국민은행 6층)	●
	22	충북	청주	19:30	충북 청주시 흥덕구 수곡 2동 901 정신건강증진센터 4층	●
	21	강원	고한	19:30	강원 정성군 고한읍 고한2길3 강원도박문제관리센터 정선분소	●
	35	강원	강릉	19:00	강원도 강릉시 강릉대로 122 세방빌딩 2층 한국도박문제관리센터 강원센터	●

수	03	서울	방배동 (수)	19:20	서울시 서초구 방배동 까리따스 종합사회복지관 지하 1층 (2호선 사당역 1번 출구)	●
	08	서울	신수동	20:00	서울시 마포구 신수동 112-1 신수동성당 지하1층 (6호선 광흥창역 4번 출구)	●
	12	인천	간석동	19:30	인천광역시 남동구 간석4동 성당 교육관 3층	●
	15	수원	우만동	20:00	경기도 수원시 팔달구 중부대로 165, 동수원병원 본관 지하 124호	●
	33	대구	대구 미혼자	20:00	대구광역시 중구 달성로 37 도박문제관리센터 대구센터 5층	●
	30	경남	통영 거제	19:00	경남 통영시 안개4길 94 통영종합사회복지관 내 3층 (보건소 옆) 일시중단	●
목	02	서울	신정동	19:30	서울시 양천구 신월로 11길16 한빛종합복지관 2층	●
	34	인천	가정동	19:30	인천광역시 서구 원창로 240번길 9, 참사랑병원 1층	●
	05	수원	율전동	20:00	경기도 수원시 율전동 528-2 율전동성당 지하 1층 (1호선 성균관대역 1번 출구)	●
	07	대전	삼성동	19:30	대전광역시 동구 삼성동 374-1 (구)동구보건지소 2층	●
	14	충남	천안	20:00	천안시 동남구 문화동 112-1 영덕빌딩1층 중독관리지원센터	●
	19	광주	농성동	20:00	광주광역시 북구 경열로 255 도박문제관리센터 광주센터 4층	●
	13	전북	전주	19:30	전북 전주시 완산구 현무1길 40 (전주가톨릭센터 1층)	●
금	01	서울	사당동	19:30	서울시 동작구 사당동 사당동성당 지하1층 (2/4호선 사당역 10번 출구) 매월 3째주에만 공개모임	○
	27	경기	일산 대화	19:30	경기도 고양시 일산서구 일산로 684 도박문제관리센터 경기북부센터 4층 (3호선 대화역 6번 출구)	○
	28	경기	용인 보정	19:00	경기도 용인시 기흥구 신촌로 73번길 24 (보정성당 1층)	●
	18	충남	서산	19:30	충남 서산시 운산면 갈산리 419-6 운산성당 1층	●

토	20	서울	안국동	17:00	서울시 종로구 북촌로 18, 도박문제관리센터 1층 (3호선 안국역 2번 출구)	●
	04	인천	부평 (토)	18:30	인천광역시 부평구 부개동 16-63 부개동성당 지하1층	●
	10	대구	대구	17:00	대전광역시 중구 달성로 37 도박문제관리센터 대구센터 5층	●
일	11	서울	방배동 (일)	17:00	서초구 방배로 5길43 방배동성당 지하 1층 (2호선 방배역 2번 출구)	●
	25	서울	상일동	17:00	경기도 하남시 초이동 16번지 (동명사 별관)	○
	32	인천	부평 (일)	15:00	인천광시 부평구 동수로 39번길20, 부평2동 성당 교육관 3층(1호선 부평역 1번 출구)	●
	26	경기	평촌	18:00	경기도 안양시 동안구 경수대로 733 범계성당 (4호선 범계역 7번 출구)	●
	31	충남	아산	17:00	충남 아산시 방배읍 공원로 47, 장재성당 1층 매월 넷째주만 공개모임	○
	23	경남	창원 월남	19:00	경남 창원시 마산합포구 315대로 79, 월남동성당 2층	●

부록6

한국 GA 모임장소 안내

☎ 02-522-8483

지역		모임명	요일	시간	회 합 장 소
서울	60	방화동	월	19:30	강서구 양천로 6길 47 정신사랑의교회 2층(5호선 개화산역 1번 출구)
	71	신도림	월	19:30	영등포구 경인로 725 한국도박문제관리센터 서울남부센터 5층 (신도림역 1번 출구)
	20	홍제동	화	20:00	서대문구 홍제동 301-6 홍제동성당 1층 (3호선 홍제역 1번 출구)
	43	신수동	수	20:00	마포구 신수동 112-1 신수동성당 지하 1층 (6호선 광흥창역 4번 출구)
	17	방배 수	수	19:20	서초구 방배동 까리따스 방배 종합사회복지관 지하 1층 (2/4호선 사당역 1번 출구)
	15	신정동	목	19:30	양천구 신월로 11길 16 한빛종합사회복지관 2층
	2	사당금	금	19:30	동작구 사당동 사당동성당 지하 1층(2/4호선 사당역 10번 출구)
	66	안국동	토	17:00	종로구 북촌로18 한국도박문제관리센터 1층 (3호선 안국역 2번 출구)
	49	방배 일	일	17:00	서초구 방배로5길 43 방배동성당 지하1층 (2호선 방배역 2번 출구)
	72	상일동	일	17:00	경기도 하남시 초이동 16번지 동명사 별관

인천	76	구월동	월	19:30	남동구 예술로206 중앙프라자 A동 한국도박문제관리 인천센터 9층 (예술회관역 1번 출구)
	52	간석동	수	19:30	남동구 간석4동 384-2 간석동성당 교육관 3층 (간석역 1번 출구)
	83	가정동	목	19:30	인천시 서구 원창로 240번길 9 참사랑병원 1층
	18	부평 토	토	18:30	부평구 장제로 160번길 75 부개3동성당 지하교리실
	79	부평 일	일	15:00	부평구 동수로 39번길 20 부평2동성당 3층
경기	45	구천동	화	20:00	수원시 팔달구 효원로 119 한국도박문제관리 경기남부센터 3층 (매교역 5번 출구)
	59	우만동	수	20:00	수원시 팔달구 중부대로 165 동수원병원 본관 지하 1층
	19	율전동	목	20:00	수원시 장안구 율전동 율전동성당 지하교리실 (성균관대역 1번 출구)
	74	일산 대화	금	19:30	고양시 일산서구 일산로 684 한국도박문제관리 경기북부센터 4층 (대화역 6번 출구)
	75	용인 보정	금	19:30	용인시 기흥구 신촌로 73번길 24 보정성당 1층 (보정역 2번 출구)
	82	파주	금	19:30	경기도 파주시 문산읍 바라골길 421 늘푸른자활의집 1층
	73	안양 평촌	일	18:00	안양시 동안구 경수대로 733 범계성당 (범계역 7번 출구)
충남	58	천안	목	20:00	천안시 동남구 문화동 112-1(버들로40) 영덕빌딩 1층 중독관리통합지원센터
	63	서산	금	20:00	서산시 운산면 갈산리 419-6 운산성당 1층
	78	아산	일	17:00	아산시 배방읍 공원로 47(배방읍 장재리 1350) 장재성당 1층
충북	69	청주	화	19:30	청주시 서원구 구룡산로 235 정신건강증진센터 4층
대전	62	둔산동	월	19:30	서구 둔상동 1253 새천년빌딩 6층 한국도박문제관리센터 대전센터
	39	삼성동	목	19:30	동구 삼성동 374-1 (구)동구보건지소 내 2층

강원	68	고한	화	19:30	정선군 고한읍 고한2길3 강원도박예방치유센터 정선분소
	84	강릉	화	19:00	강원도 강릉시 강릉대로 122 셋방빌딩 2층 한국도박문제관리 강원센터
광주	64	농성동	목	20:00	북구 경열로 255 4층 한국도박문제관리센터 광주센터
전북	57	전주	목	19:30	전주시 완산구 현무1길 40 전주가톨릭센터 1층
대구	81	대구 미혼자	수	20:00	대구시 중구 달성로 37 한국도박문제관리센터 대구센터 5층
	80	대구	토	17:00	대구시 중구 달성로 37 한국도박문제관리센터 대구센터 5층
경남	77	통영 거제	수	19:00	통영시 안개4길 94 통영시사회복지관 3층 (보건소 옆)
	70	창원 월남	일	19:00	창원시 마산합포구 315대로79 월남동성당 2층

저자소개

››› 이상선 상담사

전)천주의 성요한병원 가족치료 전담상담사

현)다사랑병원 중독상담사

››› 이덕기 정신건강의학과 전문의

전)한사랑병원장

현)양산병원장

››› 최은정 교수

전)한국중독연구재단 카프(KARF)성모병원 선임연구원

현)동신대학교 사회복지학과 교수

››› 김혜선 교수

전)중독전문가협회장

현)강원대학교 사회복지학과 교수

중독가족 회복교실

2017년 4월 25일 1판 1쇄 발행
2025년 5월 10일 1판 2쇄 발행

엮 은 이 광주서구중독관리통합지원센터
펴 낸 이 최용구
펴 낸 곳 도서출판 신정

주 소 (04316) 서울시 용산구 원효로 89길 19 (원효로1가)
전 화 02)3211-4782, 0266(영업부), 3211-4783(편집부), 3211-4784(팩스)
이 메 일 shinjeong72@naver.com
홈페이지 www.sjbook.co.kr
등 록 2001년 5월 11일 제13-702호

기획마케팅 최용구 장만동 송대용 최충구
책임편집 석기은 황가연
표 지 SDY

ISBN 978-89-5912-423-7 03510

정가 10,000원